T0059572

la
respuesta
a la
ansiedad

la respuesta a la ansiedad

Cómo liberarte de la preocupación y la angustia

JOYCE MEYER

NASHVILLE · NEW YORK

Derechos de edición en español © 2023 por Hachette Book Group, Inc.
Publicado en inglés por FaithWords con el título *The Answer to Anxiety*,
Derechos de autor © 2023 por Joyce Meyer
Derechos de portada © 2023 por Hachette Book Group, Inc.
Todos los derechos reservados.

Hachette Book Group respalda el derecho de libre expresión y el valor de los
derechos de autor. El propósito de los derechos de autor es alentar a los escritores y
artistas a producir las obras creativas que enriquecen nuestra cultura.

El escanear, descargar y distribuir este libro sin permiso de la editorial es un robo de
la propiedad intelectual del autor. Si desea obtener permiso para utilizar material del
libro (que no sea con fines de revisión), comuníquese con permissions@hbgusa.com.
Gracias por su apoyo a los derechos de autor.

FaithWords
Hachette Book Group
1290 Avenue of the Americas, New York, NY 10104
faithwords.com
twitter.com/faithwords

FaithWords es una división de Hachette Book Group, Inc. El nombre y logotipo de
FaithWords corresponden a una marca registrada de Hachette Book Group, Inc.

La editorial no es responsable de los sitios web (o su contenido)
que no son propiedad de la editorial.

El Hachette Speakers Bureau proporciona una amplia gama de
autores para dar charlas. Si desea obtener más información,
visite www.hachettespeakersbureau.com o llame al (866) 376-6591.

A menos que se indique lo contrario, el texto bíblico ha sido tomado de la Santa
Biblia, NUEVA VERSIÓN INTERNACIONAL® NVI® © 1999, 2015 por Biblica, Inc.®
Usada con permiso de Biblica, Inc.® Todos los derechos reservados en todo el
mundo. / Las escrituras marcadas como «NTV» son tomadas de la Santa Biblia,
Nueva Traducción Viviente, © 2010 por Tyndale House Foundation. Usada con
permiso de Tyndale House Publishers, Inc., 351 Executive Dr., Carol Stream,
IL 60188, Estados Unidos de América. Todos los derechos reservados. / Las
escrituras marcadas como «DHH» son tomadas de la Biblia Dios habla hoy®, Tercera
edición © 1966, 1970, 1979, 1983, 1996 por Sociedades Bíblicas Unidas. Usada
con permiso. / Las escrituras marcadas como «NBLA» son tomadas de la Nueva
Biblia de las Américas (NBLA), Copyright © 2005 por The Lockman Foundation.
Usadas con permiso. www.NuevaBiblia.com. / Las escrituras marcadas como
«RVC» han sido tomadas de la versión Reina Valera Contemporánea® © Sociedades
Bíblicas Unidas, 2009, 2011. Todos los derechos reservados.

Traducción, edición y corrección en español por LM Editorial Services |
lmeditorial.com | lydia@lmeditorial.com con la colaboración de
Belmonte Traductores (traducción del texto).

ISBN: 978-1-5460-0307-6 (tapa blanda)
E-ISBN: 978-1-5460-0306-9 (libro electrónico)

Primera edición en español: febrero 2023

Impreso en los Estados Unidos de América | Printed in the USA

LSC-C

Printing 1, 2022

ÍNDICE

La ansiedad y la preocupación son respuestas humanas comunes a situaciones estresantes. Todos nos sentimos ansiosos, preocupados o inquietos algunas veces; pero, si la ansiedad llega a ser bastante severa, puede que requiera atención médica, lo cual podría incluir algún tipo de consejería profesional y hasta medicación. Entre las situaciones que normalmente requieren ese tipo de intervención se incluyen el estrés prolongado o un desbalance de hormonas o neurotransmisores. Cuando la terapia o la medicación está justificada, no deberíamos sentirnos avergonzados de recibir la ayuda que necesitamos.

Según la Asociación Americana para la Ansiedad y la Depresión (en inglés, Anxiety and Depression Association of America): «Los trastornos de ansiedad están entre los trastornos mentales más comunes y generalizados en los Estados Unidos».[1] Echemos un vistazo a las siguientes estadísticas:[2]

> «Los trastornos de ansiedad están entre los trastornos mentales más comunes y generalizados en los Estados Unidos».

- Los trastornos de ansiedad afectan cada año a 40 millones de adultos en los Estados Unidos (el 18,1 por ciento de la población). Los trastornos de ansiedad son las enfermedades mentales más comunes en los Estados Unidos.

- Solo el 36,9 por ciento de quienes sufren ansiedad reciben tratamiento, aunque es plenamente tratable.
- Entre los factores de riesgo se incluyen: genética, química cerebral y personalidad, y los acontecimientos de la vida que contribuyen al desarrollo de trastornos de ansiedad.
- Los trastornos de ansiedad y la depresión están vinculados. Casi la mitad de las personas con un diagnóstico de depresión también tuvieron un diagnóstico de trastorno de ansiedad.
- Las mujeres tienen el doble de probabilidad que los hombres de ser afectadas por trastorno de ansiedad generalizada.
- El estrés y la ansiedad afectan a todo el mundo en algún momento u otro.
- El estrés es una respuesta a una amenaza en cierta situación. La ansiedad es una reacción a ese estrés.
- Los trastornos de ansiedad afectan al 25,1 por ciento de los adolescentes. Los adolescentes con trastornos de ansiedad no tratados corren un mayor riesgo de mal desempeño escolar, de perderse experiencias sociales importantes, y de consumo de sustancias.
- Los adultos de más edad experimentan ansiedad en índices similares a los adolescentes, aunque los trastornos de ansiedad en esta población se relacionan frecuentemente con acontecimientos traumáticos como una caída o una enfermedad grave.

Ansiedad es un término clínico. Como puedes ver, se ha realizado mucha investigación con respecto a la ansiedad, y es un problema grave; sin embargo, hay otro tipo de ansiedad que llega con nuestras pruebas y situaciones estresantes del día a día. Se denomina preocupación.

Corrie ten Boom dijo: «Preocuparse es cargar con el peso del mañana con la fuerza del presente: cargar con dos días a la misma vez. Es avanzar al mañana antes de tiempo».[3] Creo que una razón por la que las personas terminan con trastorno de ansiedad o depresión grave es que no abordan la ansiedad que todos enfrentamos diariamente, y dejan que se vaya acumulando hasta que

> «Preocuparse es cargar con el peso del mañana con la fuerza del presente».

llega ser dañina o incontrolable. Sin duda, hay otras causas de ansiedad subyacentes y más graves, como el abuso durante la niñez, una enfermedad grave prolongada, la pérdida de un ser querido, trabajar demasiado por mucho tiempo, no descansar o dormir lo suficiente, y otras condiciones.

En este libro quiero hablar de las preocupaciones y angustias diarias con las que lidiamos simplemente porque vivimos en un mundo pecador que nos presenta problemas frecuentes. Jesús dice que tendremos problemas mientras estemos en el mundo, pero que nos animemos porque Él ha vencido al mundo (Juan 16:33). Si podemos aprender a lidiar rápidamente con las ansiedades diarias, entonces no tendrán ninguna oportunidad de convertirse en trastornos mentales. Podemos y deberíamos aprender de la Palabra de Dios a lidiar con nuestras situaciones diarias. Mientras más rápidamente nos neguemos a preocuparnos cuando seamos tentados a

> *Si podemos aprender a lidiar rápidamente con las ansiedades diarias, entonces no tendrán ninguna oportunidad de convertirse en trastornos mentales.*

hacerlo, menos probabilidad habrá de que tengamos problemas graves con la ansiedad.

Mi esposo, Dave, nunca se preocupa. Parte de la razón es su temperamento natural, y otra parte es su confianza en Dios. Cree verdaderamente que Dios cuidará de él, y tiene una revelación genuina del versículo en 1 Pedro 5:7, que dice: «Pongan todas sus preocupaciones y ansiedades en las manos de Dios, porque él cuida de ustedes» (NTV). Tengo un yerno y una nuera que también son así. Están en paz genuinamente, a pesar de lo que esté sucediendo en su vida.

Sin embargo, he aprendido que, aunque algunas personas parecen tranquilas y calmadas a pesar de cuál pueda ser la situación, tal vez interiorizan su frustración, temor y preocupación. Eso puede ser más dañino que expresar sus emociones negativas. He escuchado que las personas explotan o implosionan si no aprenden a lidiar con sus emociones apropiadamente. Por años, yo fui el tipo de persona que explota, pero finalmente, todas mis explosiones también causaron que implosionara. En diciembre de 2017, tras años de un estrés irrazonable causado por muchas situaciones, me derrumbé, por así decirlo, y me enfermé mucho debido a una enfermedad que se había estado desarrollando por años, y necesité más de dieciocho meses para recuperarme.

La enfermedad resultó ser una bendición disfrazada. Fue un momento crucial en mi vida, y me provocó a hacer cambios que había necesitado hacer por mucho, mucho tiempo.

Si el estrés excesivo queda desatendido, se acumulará hasta el punto en el que nuestro cuerpo, nuestra mente y nuestras emociones simplemente no pueden seguir lidiando con él, y llegaremos a un punto de crisis de algún tipo. Tarde o temprano debemos admitir: «Ya no puedo hacerlo todo».

Confiar en que Dios se ocupará de las cosas por las que no podemos hacer nada al respecto, y confiar en Él para que nos dé la dirección que necesitamos para manejar lo que nosotros mismos podemos hacer, debería ser nuestra respuesta normal a los problemas. Cuando intentamos resolver nuestros problemas mediante la preocupación y el razonamiento (intentando descifrar en nuestra mente por qué ha sucedido algo o qué hacer al respecto), no obtenemos respuestas pero sí frustración y más estrés.

Las personas no quieren preocuparse cuando tienen problemas, pero la mayoría diría que no puede evitar hacerlo. Eso, por supuesto, no es cierto, porque Jesús nos dice que no nos afanemos ni nos preocupemos (Mateo 6:25). Debe haber un modo de no preocuparnos, porque Jesús nunca nos dice que hagamos algo que es imposible.

> El estrés excesivo desatendido conducirá a una crisis de algún tipo.

Yo creo que la Biblia nos da una fórmula fácil y entendible con respecto a cómo mantener la paz en lugar de estar ansiosos y preocupados cuando tenemos problemas que crean estrés. Está en Filipenses 4:6-7:

> No se inquieten por nada; más bien, en toda ocasión, con oración y ruego, presenten sus peticiones a Dios y denle gracias. Y la paz de Dios, que sobrepasa

todo entendimiento, cuidará sus corazones y sus
pensamientos en Cristo Jesús.

Estos dos versículos ofrecen la fórmula sobre la cual se basa
este libro, y que descubrirás a medida que sigas leyendo. Es
sencilla, como lo son muchas de las respuestas de Dios a nuestros problemas, pero tenemos tendencia a complicar cosas que
podrían ser sencillas haciendo las cosas a nuestra manera en
lugar de hacerlas a la manera de Dios.

Charles Stanley dice: «Todos podríamos generar un colapso
nervioso en treinta segundos si realmente quisiéramos».[4] Yo
diría que, la mayoría de los días, podemos encontrar algo
por lo que preocuparnos a menos
que decidamos no hacerlo, y he
aprendido que cada día que paso
preocupándome es un día que
malgasto y que nunca recuperaré.

Cada día que pasas preocupándote es un día que malgastas y que nunca recuperarás.

No me interesa desperdiciar nada
más de mi tiempo haciendo cosas que no funcionan y que
tienden a hacerme sentir abatida.

A fin de no estar preocupados y angustiados, debemos
aprender nuevas maneras (las maneras de Dios) de manejar
nuestros problemas y desafíos. Me alegra estar escribiendo
este libro porque planeo obtener ayuda de él mientras estudio para escribirlo. En este momento, tengo dos situaciones
diferentes en mi vida por las que no quiero preocuparme, y le
estoy pidiendo a Dios que me ayude. La preocupación sigue
llegando a mi mente, y yo sigo rechazándola. Pero la preocupación es un enemigo muy persistente. Para vivir la vida
sin preocupación ni ansiedad debemos ser tan persistentes

en resistirlas como nuestro enemigo el diablo lo es en presionarnos con ellas.

La voluntad de Dios para nosotros es paz, no preocupación y ansiedad, de modo que es mi oración que me acompañes a medida que aprendemos juntos cómo vivir una vida libre de preocupación y angustia.

CAPÍTULO 1

No te inquietes por nada

Preocúpate un poco cada día, y en toda una vida per-
derás un par de años. Si algo va mal, arréglalo si pue-
des, pero enséñate a ti mismo a no preocuparte. La
preocupación nunca arregla nada.

Mary Hemingway[5]

Dios nos asigna a cada uno cierta cantidad de tiempo para vivir en la tierra, y nosotros podemos desperdiciarlo o utilizarlo sabiamente. Cuando ese tiempo se acaba, nunca podemos recuperarlo, de modo que parece que no querríamos malgastar ni siquiera un solo minuto, pero lo hacemos. Algunas veces, desperdiciamos nuestro tiempo haciendo cosas frívolas o necias que no dan ningún fruto. Sin embargo, a menudo malgastamos nuestro tiempo sintiendo lástima de nosotros mismos, estando enojados o deprimidos, permitiendo que el temor nos controle, sintiéndonos angustiados o preocupados, o permitiéndonos a nosotros mismos expresar otras emociones negativas. Espero que este libro te ayude a no seguir desperdiciando más tu valioso tiempo al estar ansioso o preocupado por algo.

Cuando pasamos el presente estando ansiosos, inquietos o preocupados por el mañana, malgastamos el presente y no logramos nada que cambiará el mañana. Jesús nos enseña a vivir un día cada vez y no emplear ninguno de ellos preocupándonos:

> *Cuando desperdiciamos el presente estando ansiosos, no logramos nada que cambiará el mañana.*

«Por eso les digo: No se preocupen por su vida, qué comerán o beberán; ni por su cuerpo, cómo se vestirán. ¿No tiene la vida más valor que la comida, y el cuerpo más que la ropa? Fíjense en las aves del cielo: no siembran ni cosechan ni almacenan en graneros; sin embargo, el Padre celestial las alimenta. ¿No valen ustedes mucho más que ellas? ¿Quién de ustedes, por mucho que se preocupe, puede añadir una sola hora al curso de su vida? »¿Y por qué se preocupan por la ropa? Observen cómo crecen los lirios del campo. No trabajan ni hilan; sin embargo, les digo que ni siquiera Salomón, con todo su esplendor, se vestía como uno de ellos. Si así viste Dios a la hierba que hoy está en el campo y mañana es arrojada al horno, ¿no hará mucho más por ustedes, gente de poca fe? Así que no se preocupen diciendo: "¿Qué comeremos?" o "¿Qué beberemos?" o "¿Con qué nos vestiremos?". Los paganos andan tras todas estas cosas, pero el Padre celestial sabe que ustedes las necesitan. Más bien, busquen primeramente el reino de Dios y su justicia, y todas estas cosas les serán añadidas. Por lo tanto, no se angustien por el mañana, el cual tendrá sus propios afanes. Cada día tiene ya sus problemas».

Mateo 6:25-34

Pensemos en lo que enseña este pasaje de la Escritura. En primer lugar, Jesús dice que no nos preocupemos por nada: comida, bebida, o ropa (v. 25). Es más, no debemos preocuparnos por nada en nuestra vida, porque nuestra vida es más importante para Dios que todas las «cosas» que queremos y necesitamos.

En segundo lugar, deberíamos observar un poco a las aves. Esto puede parecer chistoso, pero es exactamente lo que Jesús sugiere que hagamos. Las aves están por todas partes, de modo que no debería resultarnos difícil observarlas. Las aves no están nerviosas, angustiadas ni preocupadas. Vuelan felizmente de un lugar a otro esperando que aparezca su próxima comida. Esa comida puede consistir en semillas que han caído de una planta o un árbol, semillas para aves que alguien ha dejado porque tiene un comedero para aves, un gusano, o algún tipo de bicho que hay en el suelo, todo lo cual Dios provee para ellas. El versículo 26 nos dice que Dios alimenta a las aves y que nosotros somos más valiosos que ellas; por lo tanto, ¿por qué deberíamos dudar que Él proveerá para nosotros?

Entonces, en el versículo 27 llega la pregunta que todos deberíamos plantearnos: ¿Hace algún bien la preocupación, y puede añadir ni siquiera una sola hora a nuestra vida? No puede añadir nada a nuestra vida, pero puede robarnos de esa vida.

Jesús entonces pregunta por qué nos preocupamos por nuestra ropa (v. 28). Quizá a ti no te preocupa la ropa, pero probablemente habrá algo perteneciente a la vida diaria que sí te preocupa. Jesús nos reta a observar las flores y ver que Él las viste de modo hermoso. Nunca trabajan ni hilan, y no se preocupan o se vuelven temerosas y ansiosas. Pero ni siquiera el rey Salomón, en toda su gloria y esplendor, se vistió tan bien como una flor (vv. 28-29). Toma un tiempo y mira tus flores. Si no tienes, sal a un parque o un jardín y tan solo mira cuán hermosa y asombrosamente diferente es cada una de ellas.

Jesús menciona también algo en lo que nosotros, por lo general, no pensamos: la hierba. Él cuida de la hierba, que hoy está aquí y mañana no está (v. 30).

Ten una gran fe, porque Dios sabe lo que necesitas.

No seas una persona de poca fe. Ten una gran fe, porque Dios sabe lo que necesitas. Los incrédulos buscan y se preocupan por necesidades como comida, bebida y ropa; pero, como creyentes, tú y yo debemos buscar «primeramente el reino de Dios y su justicia, y todas estas cosas les serán añadidas» (v. 33).

Jesús continúa diciendo: «Por lo tanto, no se angustien por el mañana, el cual tendrá sus propios afanes. Cada día tiene ya sus problemas» (v. 34). A lo cual digo: «¡Amén!». El mes pasado, Dave y yo tuvimos que reparar nuestro televisor. También tuvieron que instalar en nuestra casa una tubería de gas más larga porque nuestro generador no funcionaba correctamente, y después de pagar varios cientos de dólares por ello, el generador sigue sin funcionar como debería. Y, cada vez que llueve con intensidad y el viento sopla en cierta dirección, se filtra agua en nuestra casa. Eso ha sucedido por casi dos años, y nadie puede descifrar por qué se produce. Además, el carrito de golf de Dave necesitaba una batería nueva. Yo descubrí que necesitaba que me hicieran una cirugía de cataratas. Lo que más me preocupa es que mis ojos ya están terriblemente secos, y la cirugía de cataratas los reseca aún más, al menos durante unos meses. La cirugía requerirá dos operaciones, una en cada ojo. Entremedias de las dos operaciones, necesito intentar grabar en el estudio toda la enseñanza para la televisión que pueda, para no retrasarnos demasiado con nuestro programa diario. También tengo un compromiso para dar una conferencia y no tengo ni idea de cómo sentiré mis ojos o si podré ver bien.

Comparto este vistazo de mi vida porque quiero que sepas que todo el mundo enfrenta desafíos. Son parte de la vida, y cada situación al final se resuelve. Preocuparnos no cambia nada, excepto que nos roba la paz y el gozo.

Jesús nos está diciendo en Mateo 6:25-34 que tomemos la vida día a día, y no nos preocupemos por nada, porque cada día tiene todo lo que podemos manejar. Las tormentas naturales no siempre están en la previsión meteorológica, y a menudo las tormentas que llegan a nuestra vida son también inesperadas. Sin embargo, las personas de una gran fe están preparadas para cualquier cosa.

Como las tormentas naturales, las tormentas personales que llegan a nuestra vida son a menudo inesperadas.

Pablo enseña en Filipenses 4:13 que todo lo podemos en Cristo que nos fortalece. La ampliación de este versículo dice que, en Él, estamos preparados para cualquier cosa que llegue a nuestro camino. Esta es una gran promesa en la que meditar regularmente. Edifica nuestra fe y nos prepara para cualquier cosa que pueda traer el día.

Además de tener en mente Filipenses 4:13, deberíamos tener la misma actitud que tenía el misionero Hudson Taylor:

Ya no estoy inquieto por nada, pues comprendo lo siguiente: sé que Él puede llevar a cabo *su voluntad*, y su voluntad es la mía. No importa dónde Él me sitúe, o cómo. Le corresponde a Él considerar eso para mí; porque, en las posiciones más fáciles, Él debe darme su gracia; y, en las más difíciles, su gracia es suficiente.[6]

¿Qué son la ansiedad y la preocupación?

Estoy segura de que sabes a qué me refiero cuando utilizo las palabras *ansiedad* y *preocupación* porque todo el mundo tiene experiencia con estos sentimientos. Las he explicado brevemente, pero pensemos un poco más en lo que significan. El modo más sencillo que conozco de definir la ansiedad es decir que significa emplear el presente en intentar descifrar el mañana, o emplear el presente en tener miedo al mañana.

> Ansiedad es emplear el presente en tener miedo al mañana.

Es un sentimiento incómodo de preocupación, incertidumbre, angustia, temor o agitación. En la Biblia, la ansiedad se describe como la reacción humana a situaciones estresantes.

Las situaciones estresantes abundan en las vidas de muchos. Creo que la mayoría de nosotros tenemos siempre algo por lo que podríamos preocuparnos a menos que decidamos intencionadamente no hacerlo. El salmista confesó que, cuando la angustia y la ansiedad le abrumaban, el consuelo de Dios le produjo calma y alegría (Salmos 94:19), y el padre de Saúl estuvo ansioso durante un tiempo en el que sus burras se habían perdido (1 Samuel 9:5), de modo que podemos ver que las personas a lo largo de la historia han tenido que lidiar con la ansiedad y la preocupación.

La ansiedad, si no se confronta, puede conducir a problemas más graves como la depresión, por ejemplo. Proverbios 12:25 dice que la ansiedad puede causar depresión: «La angustia deprime al hombre; la palabra amable lo alegra» (DHH). La angustia o la ansiedad es inconsistente con confiar en Dios, lo cual es lo que debemos hacer en todo tiempo y en toda situación. Pero la ansiedad ha sido siempre un desafío normalmente difícil para nosotros, y siempre lo será. Es el método que utiliza Satanás para robar la paz que Jesús murió para darnos. Cada vez que surja una situación que podría ser estresante o que causaría

Cada vez que una situación cause que estemos ansiosos, debemos renovar nuestra confianza en Dios en lugar de estar inquietos.

que nos sintamos ansiosos o preocupados, tenemos que renovar nuestro compromiso a confiar en Dios en lugar de estar ansiosos y preocupados.

La ansiedad está arraigada en el temor. Por ejemplo, nos sentimos ansiosos cuando tenemos temor a que perderemos algo o a alguien importante para nosotros, cuando tenemos temor a que no nos cuidarán, cuando tenemos temor a que nos sucederá algo malo, o cuando tenemos temor a que no obtendremos lo que queremos o necesitamos. Debido a que tenemos temor, intentamos ocuparnos nosotros mismos de las situaciones. Eso, sin duda, causa que nos preocupemos y razonemos para intentar encontrar soluciones. No podemos disfrutar de paz mental si nuestra mente está llena de pensamientos acerca de cómo podemos resolver nuestros problemas.

Podemos hacer nuestros planes, pero el Señor determina nuestros pasos.

Proverbios 16:9, NTV

Estoy agradecida porque, aunque podemos hacer nuestros planes, si no son correctos Dios los interrumpe y dirige nuestros pasos en la dirección correcta. Sus pensamientos y sus caminos son más altos que nuestros pensamientos y nuestros caminos (Isaías 55:8-9).

Cuando nos preocupamos, permitimos que nuestros pensamientos giren una y otra vez en torno a la misma situación, desarrollando los resultados potenciales en nuestra mente. La mayoría de los resultados terribles que imaginamos no suceden, pero el temor a que podrían suceder hace que nos sintamos atormentados.

Hace aproximadamente unos quinientos años atrás, Michel de Montaigne dijo: «Mi vida ha estado llena de una desgracia terrible; la mayor parte de ella nunca se produjo».[7] Esos acontecimientos sucedieron solamente en su mente y su imaginación, pero él sufrió como si realmente se hubieran producido. Don Joseph Goewey, autor de *The End of Stress* (El fin del estrés), dice que, aproximadamente el 85 por ciento de las cosas que a la gente le preocupa que sucedan, nunca suceden.[8]

> La mayor parte de lo que a la gente le preocupa que suceda, nunca sucede.

La Biblia nos dice que meditemos en la Palabra de Dios (Josué 1:8), y yo le digo a la gente que, si saben cómo preocuparse, entonces saben cómo meditar. Podemos meditar en las promesas de Dios para nosotros, o podemos meditar en nuestros problemas; la decisión es nuestra. Lo segundo produce mal fruto, y lo primero produce buen fruto. Una de las opciones nos roba el gozo y puede incluso dañar nuestra salud, mientras que la otra nos da paz y nos permite disfrutar nuestra vida mientras Dios está obrando en nuestros problemas.

Filipenses 4:6-7, que son los versículos en los que se basa este libro, es uno de mis pasajes bíblicos favoritos:

> No se inquieten por nada; más bien, en toda ocasión, con oración y ruego, presenten sus peticiones a Dios y denle gracias. Y la paz de Dios, que sobrepasa todo entendimiento, cuidará sus corazones y sus pensamientos en Cristo Jesús.

Como mencioné en la introducción a este libro, en estos versículos veo cuatro maneras distintivas en que podemos responder cuando enfrentamos problemas; son acciones que nos permitirán disfrutar la vida sin importar lo que suceda:

1. No debemos inquietarnos ni estar ansiosos.
2. Debemos orar.
3. Debemos ser agradecidos.
4. Debemos disfrutar de paz.

Creo verdaderamente que, si podemos entender el poder de Filipenses 4:6-7, encontraremos la respuesta a la ansiedad. Este es el pasaje al que siempre acudo cada vez que comienzo a preocuparme. He memorizado estos versículos, de modo que los repito en mi mente, y algunas veces incluso abro mi Biblia y los leo.

Siempre que tengo un problema, mi primer instinto es preocuparme, pero después de hacer eso por unos minutos me recuerdo a mí misma que he transitado a menudo por el

El camino de la preocupación nunca me ha conducido a mi destino deseado.

camino de la preocupación y ni una sola vez me ha conducido a mi destino deseado, que es la paz, ni nunca me ha dado una solución a los problemas que enfrento. La preocupación es como estar sentados en una mecedora todo el día; nos mantiene ocupados y en movimiento pero no nos lleva a ninguna parte.

La fórmula para lidiar con nuestros problemas comienza con estas palabras: «No se inquieten por nada» (Filipenses 4:6). Eso es fácil de leer y fácil de decir, pero a veces es difícil de hacer. Las personas a menudo necesitan algunos pasos sencillos para ayudarles a no inquietarse por nada, y he identificado cinco claves para vencer la ansiedad, las cuales exploraremos en los capítulos siguientes.

CAPÍTULO 2

Cinco claves para vencer la ansiedad, parte 1

La ansiedad no vacía al mañana de sus tristezas, sino solamente vacía al presente de su fuerza.

Charles Spurgeon[9]

Las personas sugieren todo tipo de maneras de vencer la ansiedad, desde medicación hasta técnicas de relajación o tomar unas vacaciones en la playa. Estoy segura de que muchas de esas maneras pueden ser útiles hasta cierto nivel, pero en este capítulo y en el siguiente me gustaría hablar de cinco claves concretas que me permiten vencer la ansiedad en mi vida, y creo que también te empoderarán a ti para vencer la ansiedad con la que lidias a veces.

Clave 1: Recordar las victorias pasadas

Una manera muy útil para mí de lidiar con los problemas es pensar en problemas que he enfrentado en el pasado y que Dios ha resuelto sin mi ayuda. Hay ocasiones en las que Dios nos muestra algo que hacer acerca de una situación, y si lo hace, deberíamos seguir su guía; pero, si Él no nos muestra nada, deberíamos adoptar una postura de fe en Él, confiando en que Él hará lo que nosotros no podemos hacer.

Por mucho tiempo intenté cambiarme a mí misma para llegar a ser la persona que pensaba que Dios quería que fuera, pero lo único que conseguí fue frustración. Temía que Dios no se agradaba de mí, y me sentía culpable la mayor parte del tiempo porque no estaba a la altura de lo que yo pensaba que la Biblia me decía que debería ser.

Finalmente me rendí, le dije a Dios que no podía cambiarme a mí misma, y lo invité a que Él lo hiciera si quería. Vi en 2 Corintios 3:18 que, si contemplamos (pensamos en) la gloria de Dios, estamos siendo transformados a la imagen de Cristo, de un grado de gloria al siguiente, lo cual significa desde una medida de semejanza a Cristo a otra.

¿Cómo cambiamos? Sin ninguna duda, no es mediante la preocupación o el temor a que Dios nos rechazará si no cambiamos, sino estudiando su Palabra y dejando que el poder inherente en ella nos transforme. Deberíamos prestar mucha atención al hecho de que Él nos cambia «de gloria en gloria» (2 Corintios 3:18). Eso significa que los cambios que necesitamos no llegan todos ellos al mismo tiempo, sino en grados.

Dios me ha transformado en una persona distinta a la que era hace cuarenta y cinco años atrás cuando por primera vez comencé a estudiar en serio su Palabra, pero la transformación ciertamente no se produjo toda al mismo tiempo. Él todavía me sigue cambiando, y me encanta permitirle que lo haga.

Podemos ser conformados o podemos ser transformados. Romanos 12:2 dice: «No se amolden al mundo actual, sino sean transformados mediante la renovación de su mente». A medida que lo hacemos, podremos disfrutar del plan bueno que Dios tiene para nosotros. A medida que aprendamos a pensar como Dios piensa, finalmente haremos lo que Él quiere que hagamos.

La Palabra de Dios renueva tu mente.

La Palabra de Dios renueva nuestra mente. Nos enseña a pensar como Dios piensa y a pensar conforme a su voluntad y su plan para nuestra vida. No es su voluntad para nosotros que estemos preocupados, angustiados, o ansiosos y temerosos cada vez que tenemos un problema o enfrentamos algún tipo de dificultad. El mundo responde a los problemas y dificultades con preocupación y ansiedad, pero Jesús murió para darnos a nosotros, sus seguidores, una nueva manera de vivir, y su meta para nosotros es la paz. La renovación de la mente toma tiempo y determinación. La mayoría de nosotros hemos pasado mucho tiempo pensando como piensa el mundo, y ese modo de pensar no será quebrantado de la noche a la mañana; sin embargo, si comienzas a hacer lo correcto una y otra vez, finalmente no quedará ningún lugar en tu mente y en tu vida para negatividad como la preocupación y la angustia.

La Palabra de Dios es verdad, y solo la verdad nos hace libres (Juan 8:32). La verdad es más poderosa que los hechos. El hecho puede ser que tienes un problema grave que necesita solu-

> *La Palabra de Dios es la verdad que te hace libre.*

ción, pero la verdad es que no puedes resolverlo sin la ayuda de Dios; por lo tanto, pon sobre Él tu preocupación y permite que cuide de ti.

Cuando el salmista batallaba con la preocupación y la ansiedad, recordaba victorias pasadas que Dios le había dado: «Me acordaré de las obras del Señor; ciertamente me acordaré de Tus maravillas antiguas» (Salmos 77:11, NBLA).

Quizá tú no tienes a nadie que te dé ánimo en tu momento de problemas. En ese caso, puedes alentarte a ti mismo en el Señor meditando en sus promesas y recordando cuán fiel ha sido Él contigo en el pasado.

Hace más de treinta años atrás me diagnosticaron cáncer de mama. Había acudido al médico para mi chequeo general regular, el cual incluía una mamografía. Me llevé una gran sorpresa cuando recibí una llamada de mi médico diciendo que habían encontrado un pequeño tumor que parecía sospechoso y que tenían que hacerme una biopsia. Yo estaba un poco preocupada pero no mucho, porque estaba segura de que descubrirían que el tumor era benigno.

No fue ese el caso. Los médicos llegaron a la conclusión de que tenía un tipo de cáncer de muy rápido crecimiento, y el mejor curso de acción en ese momento era extirpar la mama. ¡Eso sí que es que los problemas te sorprendan! Yo estaba conmocionada. Era uno de esos momentos en mi vida cuando «no todas las tormentas están en la previsión meteorológica».

En ese momento, nuestro ministerio era joven y dependía económicamente de las ofrendas que se daban en una reunión semanal que yo realizaba. Tras la cirugía, no podría seguir realizando esas reuniones al menos por dos semanas, y el médico no me recomendaba que lo retomara tan pronto. Confieso que estaba preocupada por el cáncer, por el tipo de tratamiento que podría necesitar después de la operación, y por lo que le sucedería al ministerio durante mi tiempo de baja. Estaba ansiosa y temerosa, y me preocupaba continuamente.

Entonces, un día muy temprano en la mañana, me desperté y sentí el temor y la preocupación que eran tan familiares. Clamé a Dios pidiendo su ayuda, y Él susurró a mi corazón que cuidaría de mí. Esa fue una palabra de Dios para mí, y de repente supe que todo saldría bien. No sabía cómo cuidaría Dios de mí, pero sabía que Él lo haría.

Él me dijo que siguiera siendo positiva e hiciera solamente comentarios positivos, como: «Dios me ama». «Todas las cosas ayudan a bien para los que aman a Dios y son llamados conforme a su propósito», basado en Romanos 8:28. «¡Dios, confío en ti!», y «Dios es bueno».

Tenía que esperar unos diez días antes de la cirugía, y fueron diez días muy desafiantes. Llegaban temor y preocupación, y yo recordaba a propósito que Dios había prometido cuidar de mí. Entonces declaraba las frases positivas basadas en la Escritura que Dios había puesto en mi corazón, y literalmente podía sentir que mis emociones se calmaban cuando las declaraba.

Durante la cirugía, los médicos pudieron extirpar todo el tumor. Como hacen normalmente, extirparon algunos nódulos linfáticos de debajo de mi brazo para hacer pruebas y ver si el cáncer se había extendido. Tras esperar varios días más, me dieron la buena noticia de que no se había extendido.

Me enviaron a una oncóloga para evaluar si necesitaría seguir algún tratamiento, y ella dijo: «Ninguno. ¡El problema está resuelto!». Han pasado más de tres décadas desde esa experiencia y, cada año, mi mamografía siempre muestra que no hay ningún problema. Hace solo unos pocos días me hice mi chequeo anual, y una vez más el reporte mostró que todo era normal. ¡Gracias a Dios!

Después de que me hicieran la cirugía, y mientras me recuperaba en casa, estábamos muy agradecidos porque ya no tenía cáncer, pero seguíamos necesitando dinero para cubrir los gastos del ministerio hasta que yo pudiera volver a trabajar. Una noche, estábamos sentados en el salón de nuestra casa viendo televisión, y sonó el timbre de la puerta. Cuando Dave respondió, un hombre al que no conocíamos le entregó un cheque por cien mil dólares, y le dijo que Dios le había guiado a que nos lo entregara. ¡Victoria! Todavía pienso en esa gran victoria cuando tengo un problema y estoy angustiada y preocupada, y sé que Dios será fiel otra vez igual que lo fue entonces.

Clave 2: Pelear la buena batalla de la fe

El apóstol Pablo nos alienta en 1 Timoteo 6:12, diciendo: «Pelea la buena batalla de la fe; haz tuya la vida eterna, a la que fuiste llamado y por la cual hiciste aquella admirable declaración de fe delante de muchos testigos».

Medita en la Palabra de Dios y recuerda las victorias pasadas.

Pelear la buena batalla de la fe significa que habrá momentos de problemas cuando debemos mantener nuestro terreno y seguir confiando en Dios incluso cuando es difícil. La preocupación y la angustia bombardean nuestra mente, y debemos mantener un régimen implacable de meditar en la Palabra de Dios y recordar victorias pasadas.

Tal vez necesitemos hablarnos a nosotros mismos. Yo lo hago regularmente. Podría decir algo como lo siguiente: «Joyce, no tienes que preocuparte por esto o intentar solucionarlo. Dios es fiel, y Él te dará la respuesta a tu problema. Mantén tu territorio y permanece firme en la fe, porque todo es posible para Dios».

Cuando pensamientos negativos ataquen tu mente, el ataque cesará si declaras las promesas de Dios. No puedes pensar en dos cosas al mismo tiempo, de modo que pensar en lo bueno desplazará de tu mente el pensamiento negativo. Quizá tengas que repetir este proceso muchas veces. Recuerda que el diablo no se rendirá fácilmente, pero puedes durar más que él si estás decidido a hacerlo. Como nos alienta a hacer 1 Timoteo 6:12, pelea la buena batalla de la fe como un buen soldado en el ejército del Señor.

Puede que te preguntes cuánto tiempo tardará en llegar la victoria. Yo no puedo decirte eso. Solo Dios conoce el momento adecuado para que llegue tu victoria. Gálatas 6:9 nos enseña que no nos cansemos de hacer el bien, porque a su debido tiempo cosecharemos si no nos rendimos. «¿Cuándo, Dios, cuándo?» es una gran pregunta que todos queremos que sea respondida, pero Dios en pocas ocasiones la responde. Quiere que confiemos en Él y, para hacerlo, debemos vivir con preguntas no respondidas. No necesitamos conocer todas las respuestas mientras conozcamos a Aquel que sí las conoce, y esa persona es Jesús.

Dios sabe lo que necesitamos, y aunque parezca que Él llega temprano o tarde, Él conoce el momento exacto para proveer para nosotros. Si parece que se toma mucho tiempo, quizá está estirando o probando nuestra fe. Lo creamos o no, eso es bueno para todos nosotros. Si vas al gimnasio y comienzas a levantar pesas porque quieres desarrollar más músculos, no puedes conseguirlo sin que tus músculos te duelan un poco. Hay que trabajar los músculos para que puedan crecer, y nuestra fe es igual.

Jesús habló de poca fe (Mateo 8:26; Lucas 12:28) y de gran fe (Mateo 8:10; 15:28). No sé tú, pero yo quiero una gran fe, y sé que nunca la tendré a menos que mi poca fe se vea obligada a trabajar para así hacerse más grande. Mientras más requiera Dios que usemos nuestra fe, más fuerte se volverá. Algo bueno para decir cuando estás peleando la buena batalla de la fe y duele, es: «¡Estoy creciendo!». Hacer lo correcto cuando es fácil no nos ayuda a crecer hasta el siguiente nivel, pero hacer lo correcto cuando es difícil sí nos ayuda.

> Mientras más requiera Dios que uses tu fe, más fuerte se volverá.

La Biblia dice: «Sin fe es imposible agradar a Dios, ya que cualquiera que se acerca a Dios tiene que creer que él existe y que recompensa a quienes lo buscan» (Hebreos 11:6). La Nueva Traducción Viviente añade: «con sinceridad». No son nuestras palabras lo que agrada a Dios, sino nuestra fe en Él. Él recompensa a quienes lo buscan con sinceridad, y la palabra clave aquí es *sinceridad*, que significa sin abandonar, siendo firmes y fuertes, y estando decididos a hacer lo correcto sin tener en cuenta cuánto tiempo tome.

Como cristianos, sí tenemos trabajo que debemos hacer, pero debería estar guiado por el Espíritu y no por las obras de la carne. En otras palabras, no debería consistir en cosas que nosotros planeamos y tramamos porque pensamos que nos harán conseguir lo que queremos. La Biblia dice: «Quédense quietos, reconozcan que yo soy Dios» (Salmos 46:10). Si queremos ver a Dios moverse en nuestra vida y hacer cosas que nos sorprendan, debemos aprender a estar quietos, por dentro y por fuera.

> *Si quieres ver a Dios moverse en tu vida, aprende a estar quieto, por dentro y por fuera.*

Cuando seas tentado a estar ansioso, no te preocupes. En cambio, ora, da gracias, y permite que la paz que sobrepasa todo entendimiento guarde tu corazón y tu mente en Cristo. Permite que tu mente descanse de girar continuamente en torno a tus problemas buscando respuestas. Úsala para recordar las victorias pasadas y para pelear la buena batalla de la fe. Reemplaza ese mal hábito por el buen hábito de permitir que tu mente gire en torno a las promesas de Dios.

CAPÍTULO 3

Cinco claves para vencer la ansiedad, parte 2

El inicio de la ansiedad es el final de la fe, y el inicio de la fe verdadera es el final de la ansiedad.

George Müller[10]

Espero que las dos primeras claves para vencer la ansiedad ya te estén resultando útiles. Continuemos nuestro estudio de estas claves, para que estés mejor equipado para lidiar con las ansiedades y las preocupaciones que quizá estás enfrentando en este momento o que enfrentarás en el futuro.

Clave 3: Creer que Dios tiene el control

Permíteme recordarte que Dios está siempre contigo, y Él tiene el control. Nunca estás solo, porque cuando aceptaste a Jesús como tu Salvador, Él envió al Espíritu Santo a vivir en ti para ayudarte y fortalecerte en todo momento, especialmente cuando enfrentas pruebas y dificultades. Es extraordinario entender que, mediante una relación personal con Dios, podemos conversar con Él en cualquier momento y dondequiera que estemos. Y, como la oración es una parte tan importante de aplicar las claves para vencer la ansiedad, incluyo varios capítulos sobre este tema más adelante en el libro.

Además, recuerda que muchas otras personas están atravesando situaciones parecidas a las tuyas o circunstancias que son mucho peores. Sin importar cuán malo parezca ser un problema, hay personas que están lidiando con cosas que son más difíciles que las que nosotros enfrentamos, y es útil recordar eso.

Sentir que somos los únicos que

> *Sin importar cuán malo sean tus problemas, hay personas que están lidiando con cosas peores.*

soportamos dificultad puede arrastrarnos hasta la autocompasión si no tenemos cuidado. Cuando Elías, el profeta del Antiguo Testamento, estaba pasando por un momento difícil porque la malvada reina Jezabel había dicho que lo mataría, le dijo a Dios que él era el único profeta que quedaba en la tierra:

> Él respondió: —Me consume mi amor por ti, Señor Dios Todopoderoso. Los israelitas han rechazado tu pacto, han derribado tus altares, y a tus profetas los han matado a filo de espada. Yo soy el único que ha quedado con vida, ¡y ahora quieren matarme a mí también!
>
> 1 Reyes 19:14

Pero Dios le dijo a Elías en 1 Reyes 19:18 que Él tenía a siete mil personas que no se habían arrodillado ante Baal. Elías pensaba que él era el único, pero estaba equivocado.

A pesar de lo que puedas pensar, no eres la única persona que sufre, la única que está esperando en Dios, o la única que batalla con la preocupación y la angustia. Te aliento con estas palabras: mientras estás atravesando tu dificultad, ora por otros que también estén sufriendo. Esta mañana recibí un mensaje de texto de una mujer que tiene cáncer y sufre mucho dolor. Me dijo que está orando por mi cirugía de cataratas. Podría haber sentido lástima de sí misma debido a su situación, y pensar que ella era la única que estaba sufriendo; pero pensaba en mí, y estoy segura de que también pensaba en otras personas que están enfrentando dificultades.

Mientras estás sufriendo, ora por otros que también están sufriendo.

Mientras menos enfoquemos nuestra mente en nosotros mismos y nuestras situaciones, mejor nos irá. Dios promete que Él nunca nos dejará ni nos abandonará (Josué 1:5). Este pensamiento siempre me consuela, y es mi oración que también te consuele a ti.

A veces, olvidamos que Dios está con nosotros en todo momento y que Él tiene el control; pero no deberíamos desesperar nunca. Desesperar significa estar completamente sin salida, estar desconcertado y sin recursos, no tener ninguna esperanza, o rendirse. Puedo asegurarte que ningún hijo de Dios tiene que desesperar nunca. Jesús es quien abre camino y da una salida. Él dice: «Yo soy el camino» (Juan 14:6). Él hará un camino en el desierto y hará ríos en los lugares desolados (Isaías 43:19). Recuerdo ocasiones en las que yo no podía ver ningún camino para resolver un problema en particular, pero Dios abrió un camino. Puede que se cierre una puerta pero, si eso sucede, Dios abrirá otra. Créeme cuando digo *Dios nunca se queda sin una respuesta para tus problemas.* que Dios nunca se queda sin una respuesta para cualquier problema que tengamos. Para Él todo es posible (Mateo 19:26).

Se produce ansiedad cuando pasamos el presente intentando obtener respuestas para el mañana. Me recuerda cuando los israelitas intentaron recolectar maná para el día siguiente (Éxodo 16:16-20). Esa sustancia parecida al pan que Dios proveyó para su alimento diario se pudría y comenzaba a oler mal si la gente la almacenaba. Algunos individuos tienen lo que podrían llamar «vidas podridas y apestosas» porque no saben vivir un día cada vez, creyendo y confiando en que Dios tiene el control.

Anteriormente dije que, en este momento, me preocupo por dos situaciones que están sucediendo en mi vida. Cuando lo hago, tengo que recordarme a mí misma las mismas verdades que te estoy alentando a que recuerdes: yo no puedo hacer nada acerca de esos problemas, pero sé que Dios puede, y sé que Él tiene el control. Quizá tengo que recordarme a mí misma todo eso veinte veces cada día, pero en mi corazón sé que es verdad.

A menudo le decimos a Dios lo que nosotros podemos y no podemos hacer. Cuando tenemos problemas, le aseguramos que ya no podemos soportarlo más, pero Él sabe lo que podemos soportar. Él nunca permitirá que enfrentemos más de lo que podamos soportar, y siempre nos dará una salida (1 Corintios 10:13).

No tenemos que tener todas las respuestas para todos nuestros problemas, porque Dios las tiene y Él está con nosotros. En el momento correcto y oportuno, Él revelará lo que deberíamos hacer. Ten la seguridad de que Dios tiene el control y que Él es bueno, y te ama más de lo que podrías entender jamás.

Clave 4: Confiar en Dios

Dios nos pide que confiemos en Él completamente. Confianza no es preocupación, ansiedad, razonamiento o temor. La confianza produce descanso, paz, esperanza y una actitud positiva. La confianza grita que conocemos a Dios y creemos totalmente que Él tiene el control.

La preocupación y la ansiedad son métodos mediante los cuales intentamos descifrar lo que solamente Dios conoce. Si

confiamos en Él, Él nos dará respuestas en el momento apropiado. Pero,
si nos preocupamos, lo único que
conseguimos es un dolor de cabeza.
Muchas veces, la respuesta de Dios
es algo que nosotros no podríamos
haber imaginado.

> *La ansiedad es un método mediante el cual intentamos descifrar lo que solamente Dios conoce.*

«¿Cuándo, Dios, cuándo?»

Como leíste en el capítulo anterior, una de nuestras grandes
preguntas cuando estamos confiando en que Dios haga algo
es: «¿Cuándo, Dios, cuándo?». Incluso si llegamos al lugar
donde confiamos en Dios verdaderamente, al menos queremos saber cuándo nos dará la victoria que necesitamos. Él
lo hará al final, pero será en su momento adecuado, no en
el nuestro. Probablemente Él no llegará temprano, pero promete que no llegará tarde.

Pablo y Silas estaban en la cárcel, y a la medianoche
seguían cantando y alabando a Dios (Hechos 16:24-26).
Otros prisioneros estaban escuchando. Pablo y Silas estaban
siendo buenos testigos delante de las personas que los rodea-
ban. ¿Qué tipo de ejemplo eres tú
para otros cuando estás en momentos de pruebas y problemas?

Mientras Pablo y Silas cantaban
y alababan a Dios, Dios de repente
abrió las puertas de la cárcel, y fueron liberados. No te desesperes; tu *de
repente* puede que esté en camino.

> *¿Qué tipo de ejemplo eres tú para otros cuando estás en momentos de pruebas y problemas?*

Algunas veces, Dios nos libra de una situación rápidamente, y en otras ocasiones tenemos que atravesarla durante un tiempo. Si Dios decide que debemos atravesar algo, entonces debemos fijar nuestra mente en hacerlo porque, en esa circunstancia, el único modo de salir es atravesarla. Pero recuerda que nunca estamos solos. David escribe: «Aunque pase por el valle de sombra de muerte, no temeré mal alguno» (Salmos 23:4, NBLA). Él tuvo que atravesar el dolor y la dificultad, igual que hacemos nosotros a menudo. Él dijo que no temería mal alguno, pero eso no significa que no sintiera que el temor intentaba derrotarlo. La verdad es que podemos sentir temor y aun así confiar en Dios. David también escribe: «Cuando siento miedo, pongo en ti mi confianza» (Salmos 56:3).

Siempre que sientas temor, aun así puedes confiar en Dios.

Tu carne puede que sienta una cosa y, sin embargo, tu corazón puede conocer la verdad de la Palabra de Dios. David sabía que Dios tenía el control; por lo tanto, incluso si sentía temor, seguía confiando en Dios. En mi lectura me encontré con esta historia acerca del temor que me gustaría compartir contigo.

Controla tus temores, o sé controlado por ellos

Una vieja leyenda cuenta de un ratón que tenía miedo a los gatos. Deseaba poder convertirse en un gato para así ya no tener miedo a los gatos. Su deseo se hizo realidad, y se convirtió en un gato. Entonces, vio a un perro y volvió a tener miedo. Deseó poder convertirse en un perro. Su deseo fue concedido, y se convirtió en un perro. Entonces, vio a un león y volvió a tener miedo. Deseó poder convertirse en un león. Su deseo fue concedido, y se convirtió en un león. Entonces, vio a un hombre con un arma que le apuntaba, y tuvo miedo otra vez. Deseó poder ser un ser humano. Su deseo fue otorgado, y se convirtió en un ser humano. Pero, un día, cuando estaba sentado en su casa, ¡vio a un ratón y se sintió aterrado ante el ratón!

No podemos escapar al círculo vicioso del temor de ningún otro modo excepto entregando nuestras preocupaciones a Jesús.

«¿Por qué, Dios, por qué?»

La pregunta «¿Por qué, Dios, por qué?» nos atormenta cuando nos encontramos en situaciones que no entendemos y que requieren nuestra confianza en Dios. Cuando enfrentamos problemas, a menudo preguntamos a Dios: «¿Por qué me está sucediendo esto a mí?». Las pruebas llegan a nuestro camino por muchas razones. Algunas veces, simplemente nuestra fe está siendo probada. Otras veces, hemos abierto una puerta para que el diablo obre en nuestra vida mediante la falta de perdón o la desobediencia de algún tipo. Hay veces en las que llegan los problemas porque estamos estudiando la Palabra de Dios y creciendo espiritualmente, y Satanás intenta detener nuestro progreso distrayéndonos con problemas. Hay otras veces en que las preocupaciones de la vida y otras cosas ahogan la Palabra que hemos oído (Marcos 4:15-19). Y hay otras veces en las que los problemas surgen simplemente porque vivimos en un mundo lleno de problemas.

Cuando enfrento dificultades, descubro que es mejor preguntar a Dios si he abierto una puerta para el enemigo de alguna manera. Si Él me muestra que lo he hecho, entonces trabajo con Él para cerrarla completamente, pidiéndole que me ayude por medio del Espíritu Santo y me fortalezca en esa debilidad en particular. Si Dios no me muestra algo que yo haya hecho para invitar al enemigo a que entre en mi vida para provocar problemas, entonces sé que es un ataque del diablo y que Dios intervendrá en el momento apropiado. Voy a volver a decirlo: *¡Dios tiene el control!* Hay solamente dos ocasiones en las que el diablo te atacará: cuando hayas hecho algo equivocado y cuando hayas hecho algo correcto. Continúa amando a Dios y confiando en que Él te ayudará a pesar del motivo por el cual Satanás llegue contra ti.

> *El diablo te atacará cuando hayas hecho algo equivocado y cuando hayas hecho algo correcto.*

Pero gracias a Dios, que en Cristo siempre nos lleva en triunfo, y que por medio de nosotros manifiesta la fragancia de su conocimiento en todo lugar.

2 Corintios 2:14

Observemos en este versículo que Dios *siempre* nos lleva en triunfo, y mantener un corazón agradecido, una actitud de gratitud, es una parte vital de confiar en Él, especialmente mientras esperamos que llegue nuestra victoria. De hecho, ser agradecido es tan importante, que quiero enfocarme en ello más adelante en otros capítulos.

Leemos en Juan 14:27 que Jesús nos ha dado su paz. Y después sigue diciendo: «No dejen que su corazón se angustie ni tenga miedo (dejen de permitirse a ustedes mismos ser angustiados y agitados; y no se permitan sentirse temerosos, inutilizados y acobardados)» [según la *Amplified Bible* en inglés, traducción libre]. Por lo tanto, aunque Jesús nos ha dado su paz, aun así necesitamos dejar de permitirnos hacer cosas que conducen a la ansiedad.

Quizá estás pensando: *Joyce, eso es exactamente lo que quiero hacer, pero no sé cómo hacerlo.* Hay varias claves para eso, y no quiero que pases por alto ninguna de ellas, de modo que te recordaré las que ya hemos mencionado en este libro:

1. Recordar victorias pasadas.
2. Pelear la buena batalla de la fe.
3. Creer que Dios tiene el control.
4. Confiar en Dios.

Clave 5: Decidir creer que Dios nos ama mucho

Recuerda que la preocupación y la ansiedad están arraigadas en el temor que tenemos a que no seremos cuidados o que algo malo nos sucederá, como mencioné en el capítulo uno. La seguridad de que seremos cuidados y que Dios nos protegerá se encuentra en 1 Juan 4:18: «El amor perfecto echa fuera el temor». El amor perfecto es el amor que Dios tiene por sus hijos, y eso te incluye a ti. Por favor, leamos este versículo en la *Amplified Bible* en inglés (traducción libre):

> En el amor no hay temor (el miedo no existe), pero el amor plenamente desarrollado (completo, perfecto) saca por la puerta el temor y expulsa todo rastro de terror. Porque el temor conlleva la idea de castigo, y, por lo tanto, quien tiene temor no ha alcanzado la madurez plena del amor (no se ha desarrollado hasta la perfección completa del amor).

Este versículo nos enseña que, si seguimos teniendo miedo a no ser cuidados, necesitamos crecer en el conocimiento de que Dios nos ama incondicional, perfecta y continuamente. Este conocimiento, por lo general, toma tiempo para desarrollarse, porque nos resulta difícil creer que Dios podría amarnos o nos amaría, debido a nuestras imperfecciones. En realidad, es *debido a* nuestras imperfecciones que Dios envió a Jesús a morir por nosotros y tomar el castigo que nosotros merecíamos a causa de nuestro pecado.

> Es debido a *tus* imperfecciones que Dios envió a Jesús a morir por ti y tomar el castigo que tú mereces.

Yo tuve que emplear varios años estudiando el amor de Dios por mí a fin de que mi mente fuera renovada por completo en esta área. Debido al abuso sexual que experimenté por parte de mi padre, y por ser abandonada por mi madre, estaba convencida de que, si yo no cuidaba de mí misma, nadie más cuidaría de mí. Mis padres ciertamente no cuidaron de mí, ni tampoco lo hizo ninguna de las otras personas a las que pedí ayuda. Sin embargo, Dios no es como las personas, y no podemos juzgar cómo nos tratará Él según nos han tratado otras personas.

Permite que te aliente a orar y pedir a Dios que te ayude a crecer en la revelación de lo mucho que Él te ama. Él nos ama a todos perfectamente y, por lo tanto, no tenemos que preocuparnos o estar ansiosos cuando tengamos problemas.

CAPÍTULO 4

El milagro de la oración

Por tanto, les digo: Todo lo que pidan en oración, crean que lo recibirán, y se les concederá.

Marcos 11:24, RVC

La oración es uno de los mayores privilegios que tenemos, y creo que es esencial para vencer la ansiedad. A medida que he crecido en mi relación con Jesús a lo largo de los años, he llegado al lugar donde me sorprende continuamente. Puedo recordar cuando solía decir: «Bueno, supongo que no me queda otra cosa que hacer sino orar». Hoy día oigo a algunas personas decir eso, pero este modo de pensar es totalmente equivocado. La oración no debería ser lo último que hagamos tras haber hecho todo lo demás que se nos ocurrió; debería ser nuestra primera respuesta en toda situación. El pastor Rick Warren dice: «Mientras más ores, menos pánico tendrás. Mientras más adores, menos te preocuparás. Te sentirás más paciente y menos presionado».[11]

Yo intento recordar orar y pedir a Dios que resuelva mis problemas en el instante en que surgen. Tras estudiar la Palabra de Dios por cuarenta y cinco años y atravesar muchas situaciones desafiantes, sin ninguna duda he aprendido que una oración puede lograr más en un momento de lo que yo podría lograr en toda una vida.

> Una oración puede lograr más en un momento de lo que podrías lograr en toda una vida.

Algunas personas no entienden verdaderamente la oración. La oración no es una tarea que se nos obliga a cumplir como cristianos; es el mayor privilegio que tenemos. La oración puede ser sencilla y a la vez poderosa, a menos que la compliquemos mediante una falta de comprensión de lo que verdaderamente es.

La oración es simplemente conversar con Dios, igual que conversaríamos con un buen amigo. Él es todopoderoso y quiere ayudarnos en cada dificultad que enfrentemos; sin embargo, no tenemos porque no pedimos (Santiago 4:2). Demasiadas veces no le pedimos a Él lo que necesitamos, y sufrimos por mucho tiempo porque acudimos a todas las otras fuentes que conocemos antes de acudir a Él.

Ora inmediatamente que te sientas ansioso.

Aprende a orar inmediatamente que te sientas ansioso o preocupado por algo. No esperes. No hay razón para esperar, porque Dios está disponible para ayudarte en el momento en que clames a Él.

Peticiones concretas

Me encanta cómo la versión *Amplified Bible* (en inglés) expresa el versículo de Filipenses 4:6: «No se preocupen o tengan ansiedad por nada, sino en toda circunstancia y en todo, mediante la oración y la petición (peticiones concretas), con acción de gracias, sigan dejando saber a Dios lo que quieren» (traducción libre). Observemos que menciona «peticiones concretas».

He pensado bastante en esto y me he dado cuenta de que, algunas veces, somos difusos con respecto a lo que le pedimos a Dios que haga cuando oramos. Puede que digamos: «Bendíceme, Señor», o «Quita este problema, Padre». Y, desde luego, Dios sabe exactamente lo que necesitamos incluso antes de que le pidamos, pero quizá nos beneficiaríamos más si fuéramos más concretos acerca de lo que necesitamos.

Tomemos el ejemplo de mi situación con mis ojos. Yo podría decir simplemente: «Dios, por favor ayúdame con mis ojos», o también: «Señor, sana mis ojos». Pero, cuando oré al respecto, dije: «Padre, necesito tu poder que hace milagros porque la situación de mis ojos es imposible para el hombre, pero sé que todo es posible para ti. Como ya sabes, Señor, mis ojos están ya muy resecos. Necesito cirugía de cataratas, y me han dicho que eso hará que estén todavía más resecos. Por favor, muéstrame si hay algo que quieres que haga, y dame el milagro que necesito. En el nombre de Jesús. Amén».

Dios me ha mostrado dos cosas que puedo hacer con respecto a mis ojos secos, y las he hecho. Ahora, estoy esperando que Él haga lo que solamente Él puede hacer. Cuando la preocupación, la ansiedad, o el temor por la cirugía intentan colarse en mi corazón, oro y digo: «Padre, te he entregado a ti la necesidad con respecto a mis ojos, y creo que tú me ayudarás».[12]

Te recomiendo que seas concreto con respecto a lo que le pides a Dios que haga. Él puede hacer muchísimo más que todo lo que podamos imaginarnos o pedir (Efesios 3:20), de modo que sé osado en tus oraciones y no tengas miedo a pedir mucho. Pedir mucho a Dios y obtener solo un poco de eso es mejor que pedir poco y obtenerlo todo. Él quiere hacer grandes cosas en nuestras vidas, pero debemos pedirlas en fe.

> *Pedir mucho a Dios y obtener solo un poco de eso es mejor que pedir poco y obtenerlo todo.*

A menudo, llegamos a un lugar de paz con respecto a nuestra necesidad, y entonces Satanás llega otra vez e intenta llenar nuestro corazón de duda y temor, queriendo que nos preocupemos. Cuando nos preocupamos por bastante tiempo nos volvemos ansiosos, y el diablo se deleita en eso; sin embargo, la oración inmediata aleja al diablo. Además, recordarnos a nosotros mismos que hemos entregado a Dios el problema y que Él está obrando nos ayuda a calmarnos.

No sé exactamente lo que Dios hará con respecto a la situación con mis ojos, pero creo totalmente que Él hará algo, o Él me dará la gracia para manejar la sequedad ocular hasta que mis ojos mejoren. Cuando siento temor, pongo en Él mi confianza (Salmos 56:3). Deberíamos recordar que, cuando oramos, Dios no siempre hace que nuestro problema desa-parezca; y, cuando no lo hace, nos dará fortaleza extra para manejarlo. Deberíamos estar satisfechos con la respuesta que Él nos da, confiando en que Él sabe lo que es mejor para nosotros.

> *Cuando oras, Dios te da la fortaleza para manejar tu problema.*

El problema de la falta de perdón

Mencioné anteriormente el versículo de Marcos 11:24, que nos dice que todo lo que pidamos en oración, si creemos que lo hemos recibido, lo obtendremos. El versículo siguiente dice: «Y cuando estén orando, si tienen algo contra alguien, per-dónenlo, para que también su Padre que está en el cielo les perdone a ustedes sus pecados» (Marcos 11:25).

La promesa de la oración contestada tiene una condición: debemos perdonar a todo aquel contra quien tengamos algo. Las palabras *alguien* y *algo* no dejan lugar para cosas que no creemos que son justas o cosas que pensamos que las personas no merecen. Nuestra parte es perdonar a otros, igual que nuestro Padre celestial nos perdona a nosotros. Si nos negamos a hacerlo, entonces nuestra oración no será contestada.

Nunca me canso de enseñar sobre la falta de perdón, porque veo continuamente cuántas personas sacrifican respuestas a sus oraciones para seguir aferrándose a la amargura que solamente envenena sus vidas y no cambia a la personas que les hizo daño.

Dios ciertamente no nos pide que perdonemos a otros más de lo que Él ha estado dispuesto a perdonarnos a nosotros. Al pedirnos que perdonemos, Él realmente intenta ayudarnos porque, cuando albergamos falta de perdón, amargura, o resentimiento en nuestro corazón, eso envenena nuestra vida y estamos encarcelados en nuestros feos pensamientos. Nos hacen estar enojados y tristes, y no nos hacen ningún bien. Si tienes algo contra alguien, te aliento a que lo sueltes y le des a Dios una oportunidad de mostrar su fortaleza en tu vida.

CAPÍTULO 5

La oración sencilla

Cualquier preocupación demasiado pequeña para convertirla en una oración es demasiado pequeña para convertirla en una carga.

Corrie ten Boom[13]

La oración es un arma efectiva contra la ansiedad, pero algunas personas no oran mucho, si es que lo hacen, porque ven la oración como un ejercicio complicado o como algo que no saben hacer; pero quiero recordarte que la oración es simplemente conversar con Dios acerca de cualquier cosa que está en tu corazón. A mí me gusta comenzar mis oraciones con alabanza y acción de gracias por la bondad de Dios, y le doy gracias por las maneras concretas en que Él ha respondido mis oraciones anteriores. Oro por personas que sé que están enfermas o que tienen otros problemas, y después le pido a Dios que me ayude con mi día y con cualquier otra cosa en la que necesite ayuda. Sin embargo, la Biblia no ofrece ninguna regla concreta con respecto a la oración. Santiago 5:16 dice: «La oración ferviente de una persona justa tiene mucho poder y da resultados maravillosos» (NTV).

La oración es conversar con Dios acerca de cualquier cosa que está en tu corazón.

No intentes sonar religioso cuando oras; simplemente sé tú mismo. Acepta tu singularidad, y recuerda siempre que no tienes que orar como lo hace alguna otra persona. La duración de tu oración no es tan importante como su sinceridad. Puedes orar en cualquier momento, en cualquier lugar, acerca de cualquier cosa. Una oración sincera de un minuto puede ser más poderosa que treinta minutos de repetición que significa muy poco para ti.

El modelo para la oración sencilla

Cuando los discípulos de Jesús le pidieron que les enseñara a orar, Él les dio lo que llamamos el Padrenuestro. Es una oración breve y sencilla que puedes utilizar como guía a seguir cuando ores, si deseas hacerlo.

> «Padre nuestro que estás en el cielo, santificado sea tu nombre, venga tu reino, hágase tu voluntad en la tierra como en el cielo. Danos hoy nuestro pan cotidiano. Perdónanos nuestras deudas, como también nosotros hemos perdonado a nuestros deudores. Y no nos dejes caer en tentación, sino líbranos del maligno».
>
> Mateo 6:9-13

Examinemos cada sección de esta oración y aprendamos de ella.

En primer lugar, el Padrenuestro nos recuerda que Dios es nuestro Padre y que su nombre es santo. Nunca deberíamos usar el nombre de Dios de manera frívola o inútil. El tercero de los Diez Mandamientos afirma que no debemos tomar el nombre del Señor en vano (Éxodo 20:7), refiriéndose a pronunciarlo de modo indiferente o frívolo y sin respeto por Él, o pronunciarlo sin sinceridad.

El Padrenuestro nos recuerda que Dios es nuestro Padre y que su nombre es santo.

Después, oramos para que venga su reino y se haga su voluntad en la tierra como en el cielo. Siempre es bueno pedir a Dios que nos ayude a hacer su voluntad en todo momento.

«Danos hoy nuestro pan cotidiano» es una afirmación sencilla pidiendo a Dios que provea para nosotros y satisfaga todas nuestras necesidades cada día.

«Perdónanos nuestras deudas, como también nosotros hemos perdonado a nuestros deudores» se expresa en algunas traducciones de la Biblia como «perdónanos nuestros pecados, así como hemos perdonado a los que pecaron contra nosotros». Esta es una afirmación poderosa. No debemos meramente pedir a Dios que perdone nuestros pecados, sino hacerlo *como nosotros perdonamos a otros*. Muchos piden a Dios que perdone sus pecados y, sin embargo, albergan falta de perdón hacia otras personas. Recordemos que Dios dice en su Palabra que, si no perdonamos a los demás, Él no nos perdonará nuestras faltas y errores (Marcos 11:26). Deberíamos tomarnos esto muy en serio. Satanás consiguen mucho terreno en las vidas de muchos cristianos debido a que albergan falta de perdón hacia otra persona.

Después, pedimos a Dios que no nos deje caer en tentación. Aunque Dios nunca nos tienta a pecar, es un modo de decir: «Dios, guárdame de la tentación», o «Dios, ayúdame a resistir la tentación».

A continuación, el Padrenuestro dice «líbranos del maligno». El mundo está lleno de personas malas que hacen cosas malas. Pedir a Dios que nos mantenga a salvo de ellas es sabio.

En la versión Reina-Valera 1960, esta oración termina con la frase: «porque tuyo es el reino, y el poder, y la gloria, por todos los siglos. Amén». Algunas traducciones no incluyen esta frase como parte del Padrenuestro; sin embargo, estas palabras me comunican verdad con poder: ¡el reino es

Jesús no les enseñó a sus discípulos oraciones largas y complicadas.

de Él, el poder es de Él, y la gloria es de Él!

Si Dios quisiera que hiciéramos oraciones largas y complicadas, seguramente Jesús lo habría hecho al enseñar a sus discípulos a orar, pero su oración fue sencilla y breve. Todas las oraciones no tienen que ser breves; pueden ser tan largas como queramos que sean, mientras sean sinceras y no solo una repetición de ciertas frases sin motivo alguno; pero tampoco tienen que ser muy largas. Recuerdo en una ocasión, hace muchos años atrás, cuando Dios me estaba enseñando acerca de la oración y me desafió a pedirle lo que quisiera con la menor cantidad de palabras posible. Cuando lo hice, descubrí que fue bastante poderoso y liberador. Mateo 6 incluye no solo el Padrenuestro, sino también instrucciones acerca de cómo deberíamos orar. Precediendo al Padrenuestro, Jesús dice que no deberíamos ser «como los hipócritas, porque a ellos les encanta orar en las sinagogas y en las esquinas de las plazas para que la gente los vea» (Mateo 6:5). Sigue diciendo en este versículo que, las personas que dirigen la atención a sí mismas cuando oran, «ya han obtenido toda su recompensa». En cambio, Jesús dice: «Pero tú, cuando te pongas a orar, entra en tu cuarto, cierra la puerta y ora a tu Padre, que está en lo secreto. Así tu Padre, que ve lo que se hace en secreto, te recompensará» (Mateo 6:6).

En Mateo 6:7, Jesús continúa diciendo: «Y al orar, no hablen solo por hablar como hacen los gentiles, porque ellos se imaginan que serán escuchados por sus muchas palabras». No hay ningún poder en la vana repetición, pero Dios siempre escucha la oración sincera.

Oración y amor

Incluso la oración más sencilla abre la puerta para que Dios obre en nuestras vidas y en las vidas de aquellos por quienes oramos. Que Dios obre en colaboración con personas es asombroso. Él puede hacer cualquier cosa que desee, y ciertamente no necesita nuestra ayuda; sin embargo, a través de toda la Biblia, Él nos dice

> Incluso la oración más sencilla abre la puerta para que Dios obre en nuestras vidas.

que oremos. También sabemos que su Palabra dice que no tenemos ciertas cosas porque no se las pedimos (Santiago 4:2). Mateo 7:7-8 nos enseña que, cuando pedimos, recibiremos; cuando buscamos, encontraremos; cuando llamamos, la puerta se abrirá. Por lo tanto, es razonable que, si no pedimos, buscamos y llamamos, entonces nos recibiremos, encontraremos, ni se abrirán puertas.

Jesús promete que podemos hacer las obras que Él hizo e incluso obras mayores mediante el poder de la oración (Juan 14:11-14). Debo admitir que, aunque veo estas palabras escritas claramente en la Palabra de Dios, es difícil creer que tú o yo podríamos hacer obras incluso mayores de las que hizo Jesús. Pero, si Jesús lo dijo, entonces debe ser verdad. Nos corresponde a nosotros creerlo.

Cuando nos acercamos a Dios, debemos hacerlo en fe. Solamente la fe le agrada a Él (Hebreos 11:6), y solamente oraciones hechas en fe le agradan y reciben respuestas. Gálatas 5:6 nos enseña que la fe actúa mediante el amor: «Lo importante es la fe que se expresa por medio del amor" (NTV). Esto nos muestra otro secreto para la oración contestada: que debemos caminar en amor con las personas. Ya hemos aprendido que, si albergamos falta de perdón contra alguien, Dios no responderá nuestras oraciones, y el perdón es parte del amor. Oramos en fe, pero necesitamos respaldar nuestras oraciones con amor. La fe sin amor es como tener una lámpara que no está enchufada y después preguntarnos por qué no emite luz.

Necesitamos respaldar nuestras oraciones con amor.

A continuación, tenemos algunas verdades importantes a recordar acerca del amor:

- Debemos amar a Dios sobre todas las cosas, y después tener un amor ferviente los unos por los otros (Mateo 22:37-39).
- La fe obra mediante el amor (Gálatas 5:6).
- Primera de Corintios 13:4-8 describe exactamente lo que es el amor: «El amor es paciente, es bondadoso. El amor no es envidioso ni jactancioso ni orgulloso. No se comporta con rudeza, no es egoísta, no se enoja fácilmente, no guarda rencor. El amor no se deleita en la maldad, sino que se regocija con la verdad. Todo lo disculpa, todo lo cree, todo lo espera, todo lo soporta. El amor jamás se extingue».
- El amor no abusa de nadie, no murmura ni trata mal a las personas (2 Timoteo 3:1-5; Tito 3:2; Efesios 4:29-32).

- Sin el amor de Dios fluyendo en nuestras vidas, nuestra capacidad para ayudar a otros eficazmente puede verse obstaculizada (1 Juan 4:19-21).
- El amor no acumula cosas ni se aferra a ellas. Una de las mejores maneras de expresar amor es dar y ser una bendición para otros supliendo sus necesidades (Proverbios 11:24-26; 22:9).
- El amor no muestra favoritismo ni actúa sintiéndose superior, sino que valora a todos (Santiago 2:1-8).
- Cuando andamos en amor, tratamos a los demás como nos gustaría que nos trataran (Lucas 6:31).
- Las personas que andan en amor nunca abandonan, y no dan la espalda a los demás (Efesios 4:2).
- El amor cree lo mejor de cada persona y no juzga a los demás de modo crítico (Mateo 7:1; Romanos 12:10).

Andar en amor es muy importante para la oración respondida, de modo que, por favor, haz que sea una prioridad en tu vida. Estudia el amor con diligencia, aprende todo lo que puedas acerca de él, y muéstralo de todas las maneras posibles.

Aunque es verdad que Jesús dice varias veces que Él hará lo que pidamos en su nombre (Juan 14:13-14; 15:16; 16:23-24), debemos interpretar la Escritura a la luz de la Escritura, lo cual significa que debemos considerar toda la Escritura a fin de obtener una compresión precisa de ella. Sacar un solo versículo de la Escritura y utilizarlo sin considerar los otros puede

> *Debemos interpretar la Escritura a la luz de la Escritura.*

ser peligroso. Un ejemplo de esto es cuando muchas personas citan la mitad de Santiago 4:7, que dice en su totalidad: «Así que sométanse a Dios. Resistan al diablo, y él huirá de ustedes». Pero he escuchado a muchas personas decir únicamente «Resistan al diablo, y él huirá de ustedes». Según el versículo completo, el diablo no huirá si no estamos sometidos a Dios.

Aunque Jesús dice que Él hará lo que pidamos en su nombre, hay otras cosas que debemos considerar con respecto a la oración. Por ejemplo, debemos orar conforme a la voluntad de Dios:

> Esta es la confianza que tenemos al acercarnos a Dios: que, si pedimos conforme a su voluntad, él nos oye. Y, si sabemos que Dios oye todas nuestras oraciones, podemos estar seguros de que ya tenemos lo que le hemos pedido.
>
> 1 Juan 5:14-15

La Biblia enseña claramente que algunas cosas son voluntad de Dios y otras no lo son; pero hay muchas cosas por las que podemos orar que quizá no sean voluntad de Dios, de modo que es sabio orar y después decir: «Te lo pido, Señor, si es tu voluntad».

Dios ciertamente responde la oración, y no tenemos que ser perfectos o hacer oraciones aparentemente perfectas para recibir respuestas a nuestras oraciones. Pero hay condiciones para la oración contestada, y me gustaría recordarte algunas de ellas:

1. Debemos perdonar a cualquiera contra quien tengamos algo en el corazón.
2. Necesitamos orar con sinceridad.

3. Necesitamos pedir si queremos recibir.
4. Debemos orar en fe.
5. Necesitamos vivir un estilo de vida de amar a Dios y amar a las personas.
6. Debemos orar conforme a la voluntad de Dios.

CAPÍTULO 6

El consuelo de la oración

Alabado sea el Dios y Padre de nuestro Señor Jesucristo, Padre misericordioso y Dios de toda consolación, quien nos consuela en todas nuestras tribulaciones para que, con el mismo consuelo que de Dios hemos recibido, también nosotros podamos consolar a todos los que sufren.

2 Corintios 1:3-4

Dios es el Dios de toda consolación, y el modo de recibir su consuelo es pedirlo. A lo largo de los años, he aprendido a pedir inmediatamente a Dios que me consuele cuando soy herida de alguna manera, y eso me ha resultado muy útil.

Cuando estoy ansiosa o preocupada por algún problema que surge, cuanto antes se lo entregue a Dios, antes recibo consuelo de Él. Recuerda: estar ansioso o preocupado es apropiarnos del afán de un problema o una situación. Pensamos que tenemos que solucionar el problema, de modo que nos preocupamos acerca de lo que deberíamos hacer. Mientras más nos preocupamos, más ansiedad sentimos. Tendemos a ser un «rescatador», y si tú eres como yo, entonces sabrás que, cuando escuchas de un problema, incluso si no es tu problema eres tentado a pasar a la acción de inmediato intentando rescatar a quien esté sufriendo. Querer ayudar a las personas es una tarea noble, pero debemos tener cuidado de no interponernos en el camino de Dios. Él no siempre quiere rescatar a las personas inmediatamente.

Ten cuidado de no interponerte en el camino de Dios.

Hay ocasiones en las que Él espera a fin de enseñar a alguien una lección más profunda que solo puede aprenderse al atravesar algo desagradable.

De hecho, una mujer me dijo recientemente que su hijo no maduró y se hizo responsable de su vida hasta que ella dejó de rescatarlo de cada dificultad y comenzó a permitirle que atravesara algunas cosas difíciles.

Pon tu ansiedad en las manos de Dios

El versículo de 1 Pedro 5:7 (NTV) dice: «Pongan todas sus preocupaciones y ansiedades en las manos de Dios, porque él cuida de ustedes». Este es un versículo de un poder tremendo, y es absolutamente verdad. Dios quiere tomar nuestras preocupaciones, pero debemos estar dispuestos a depositarlas en Él. Incluso después de haberle entregado nuestras preocupaciones, el enemigo ciertamente intentará ponerlas de nuevo en nuestras manos, de modo que debemos estar decididos a no volver a aceptarlas. Poner todas tus ansiedades significa lanzarlas o tirarlas, como alguien que está pescando lanzaría el anzuelo. Dios nos invita a lanzar a Él nuestras preocupaciones y ansiedades, depositarlas en Él. Él puede manejarlas fácilmente, pero nosotros no podemos manejarlas sin tener que aplicar una cantidad de lucha o esfuerzo.

Es la voluntad de Dios que tengas paz, estés cómodo y disfrutes tu vida, pero eso solo puede ocurrir cuando aprendes a entregarle a Él tus cargas.

> Entrégale tus cargas al Señor, y él cuidará de ti; no permitirá que los justos tropiecen y caigan.
>
> Salmos 55:22, NTV

La ansiedad está causada por intentar continuamente resolver problemas que no podemos resolver. Una de las partes de la Escritura más consoladoras en las que meditar cuando somos tentados a estar ansiosos o preocupados es Mateo 11:28-29:

> Vengan a mí todos ustedes que están cansados y agobiados, y yo les daré descanso. Carguen con mi yugo y aprendan de mí, pues yo soy apacible y humilde de corazón, y encontrarán descanso para su alma.

He acudido muchas veces a este pasaje de la Biblia cuando he tenido problemas, y he encontrado consuelo en estos versículos.

La oración y la meditación o la lectura de versículos concretos te consolará, sin ninguna duda, en tus momentos de problemas o de dificultad. Cuando estés preocupado o angustiado, cuanto antes encuentres consuelo, mejor te sentirás.

Mi meta en este libro es darte la respuesta a la ansiedad. Yo he tenido ansiedad en mi vida, y sé con certeza que no es agradable. No es la voluntad de Dios para ti. Él quiere que disfrutes de paz en todo momento, y es

La ansiedad no es agradable, y no es la voluntad de Dios para ti.

mi oración que las lecciones y perspectivas que comparto en este libro estén comenzando a ayudarte. Son sencillas, pero muchas de las respuestas de Dios son tan sencillas que las pasamos por alto porque buscamos algo más complicado.

Orar por otros

La intercesión, que significa orar por otros, en realidad disminuye la ansiedad y la preocupación simplemente porque tienes la mente en otra persona y su problema en lugar de fijarla en ti mismo y tus problemas. Mientras menos pienses en tus

> *Mientras menos pienses en tus problemas, menos ansioso te sentirás.*

problemas, menos ansioso y preocupado te sentirás. Estoy segura de que, en cualquier momento dado, conoces a varias personas que están enfrentando algún tipo de problema, y tus oraciones podrían ser muy útiles. Ora concretamente para que Dios los consuele, los fortalezca, y supla cualquier necesidad que tengan. Ora para que sean pacientes, no se rindan, y tengan sabiduría para saber qué quiere Dios que hagan, si es que Él quiere que hagan algo.

Cuando alguien esté enfermo, pide a Dios que lo sane y que recuerde que Él obra a menudo por medio de la medicina moderna y la tecnología médica, y que Él ha dado a personas el conocimiento y la habilidad para crear tales cosas. Ora para que, si personas que conoces necesitan atención médica, tengan la sabiduría para saber qué médico visitar, y ora para que los médicos sepan exactamente qué hacer por ellos.

Interceder por otros es muy importante. La Biblia dice que cosechamos lo que sembramos (Gálatas 6:7-9), y creo que, si sembramos oraciones por otras personas, Dios tocará los corazones de muchas personas para que oren por nosotros. Tus oraciones tienen más poder de lo que crees, y las oraciones de otras personas por ti son más importantes de lo que quizá sepas. Yo agradezco tremendamente a las personas que oran por mí. Algunas veces conozco a personas que me dicen que oran por mí cada día. Eso me asombra. Yo no sabía que habían estado orando, pero estoy segura de que sus oraciones me han ayudado más de lo que podría imaginar.

Obstáculos para la oración contestada

Al final del capítulo anterior enumeré varias condiciones para la oración contestada, pero también necesitamos saber qué obstaculiza la respuesta a la oración para así asegurarnos de que nuestras oraciones sean respondidas. Si tengo un problema que me preocupa y me hace sentir ansiosa, y oro para librarme de la ansiedad, tal como nos enseña Pablo en Filipenses 4:6, entonces ciertamente querré asegurarme de que mis oraciones no se ven obstaculizadas. Consideremos cómo las siguientes cosas pueden obstaculizar la eficacia de nuestras oraciones.

Falta de oración

Esto puede parecer obvio, pero vale la pena notar que, si no oramos, nuestras oraciones no pueden ser contestadas. Te recuerdo el versículo en Santiago 4:2: «No tienen lo que desean porque no se lo piden a Dios» (NTV). Asegúrate de no suponer meramente que Dios te ayudará a vencer la ansiedad, y pídele que te ayude a no preocuparte y mantenerte en calma. Dios está listo para actuar en nuestro favor si solamente oramos. Él dice en Isaías 65:1: «Me di a conocer a los que no preguntaban por mí; dejé que me hallaran los que no me buscaban. A una nación que no invocaba mi nombre le dije: "¡Aquí estoy!"».

Una vez tuve un empleado que se quejaba constantemente

> *Si no oras, tus oraciones no pueden ser contestadas.*

de una cosa o de otra, y esa conducta me irritaba. Yo estaba enojada por la situación, y terminé quejándome del empleado que se quejaba. Entonces me di cuenta de que ni una sola vez había orado por la situación. Simplemente le pedí a Dios que hiciera que el hombre dejara de quejarse por su carga de trabajo y fuera positivo y agradecido. Al día siguiente, cuando lo vi, él hizo el primer comentario positivo que yo había oído de sus labios en mucho tiempo acerca de su trabajo. Este es un ejemplo estupendo de cómo podemos caer en la trampa de Satanás al quejarnos de cosas cuando por el contrario debimos orar al respecto.

No dejes que la falta de oración dificulte que Dios obre en tu vida y en las vidas de las personas que te importan.

Falta de confianza

La Palabra de Dios nos dice que acudamos confiadamente al trono de su gracia para recibir la ayuda que necesitamos (Hebreos 4:16). Como Dios nos ama, no quiere que tengamos miedo a acercarnos a Él en el nombre de Jesús. No acudimos a Él basándonos en nuestra bondad, sino por lo que Jesús ha hecho por nosotros. Juan 14:13 nos enseña que, cuando oramos en el nombre de Jesús, estamos presentando ante Dios todo lo que Jesús es. Por fortuna, no presentamos lo que somos nosotros pues, si lo hiciéramos, nunca obtendríamos nada.

Dios quiere que le pidas cosas que son mayores incluso de lo que puedas imaginar: «Cosas que ojo no vio, ni oído oyó...son las cosas que Dios ha preparado para los que lo

aman» (1 Corintios 2:9, NBLA). Pién-
salo. Dios tiene más cosas preparadas
para nosotros de lo que podemos ni
siquiera imaginar.

*Dios quiere que le
pidas cosas que
sean mayores de
lo que puedas
imaginar.*

¿Por qué quiere Dios que seamos
confiados y valientes? La valentía es
una señal de confianza y fe, y debemos acudir a Dios con
ambas cosas. Sabemos que Dios puede hacer grandes cosas,
pero a menudo no creemos que Él las hará *por nosotros*.
Eso se debe a que con frecuencia nos enfocamos en lo que
hemos hecho mal, en lugar de vernos a nosotros mismos
«en Cristo» y recordar todo lo que Él ha hecho por nosotros.
Podemos acercarnos a Dios en oración confiada y valiente,
esperando recibir respuestas debido a lo que Jesús ha hecho
por nosotros.

Pecado oculto

Todos hemos pecado, pero, si nos
arrepentimos de nuestros pecados,
Dios los perdona y los lleva tan lejos
como el oriente está del occidente
(Salmos 103:12). Salmos 66:18 dice:
«Si observo iniquidad en mi corazón,
el Señor no me escuchará» (LBLA). En

*Si te niegas a
enfrentar tus
pecados, Dios no
responderá a tus
oraciones.*

otras palabras, si nos negamos a enfrentar nuestros pecados, Dios no responderá nuestras oraciones. Si albergamos
pecado oculto en nuestro corazón, no podemos orar con
confianza.

Orar fuera de la voluntad de Dios

Ya hemos establecido que Dios no oirá oraciones que no estén en consonancia con su voluntad, pero es bueno repasar otra vez este hecho. Algunas veces, cuando oro y no estoy segura de que lo que estoy pidiendo es la voluntad de Dios, añado: «Y Señor, por favor, no me lo des a menos que sea tu voluntad». Tener o hacer cosas que no son la voluntad de Dios es una pesada carga. Él nos ayudará a hacer cualquier cosa que sea su voluntad, pero si intentamos hacer cosas que no son su voluntad, entonces lucharemos y experimentaremos una gran cantidad de ansiedad.

Orar con motivos erróneos

Sabemos que Santiago 4:2 dice que no tenemos porque no pedimos a Dios, pero Santiago 4:3 dice que, si pedimos con «motivos erróneos», no recibiremos. En otras palabras, no recibiremos lo que pedimos si nuestra intención es utilizarlo de la manera errónea.

Los motivos son muy importantes para Dios.

Muchas personas nunca piensan en sus motivos, pero los motivos son muy importantes para Dios. Un motivo es lo que yo llamo «el porqué detrás del qué». Dios está más interesado en por qué hacemos algo que en lo que hacemos. Nuestros motivos deberían ser puros. El egoísmo es un motivo erróneo. Debo admitir que hubo años en los que yo oraba para que el ministerio creciera porque pensaba que, mientras mayor fuera, más importante sería yo. Y ¿quieres que te diga algo?

Dios no respondió mis oraciones hasta que yo vi la verdad y me arrepentí de mi motivo erróneo. Mi ministerio no creció hasta que mi verdadero deseo fue el de ayudar a personas que sufren y llevar a cabo el llamado de Dios en mi vida. Te aliento en este momento a que tomes un tiempo y examines realmente los motivos que están detrás de lo que haces, y quizá encuentres algunas cosas que te ayudarán.

Duda e incredulidad

Sabemos que la fe en Dios es fundamental para la oración contestada, de modo que parece lógico que la duda y la incredulidad, que son los opuestos de la fe, obstaculizarán la oración contestada. Siempre me impresiona el hombre que le dijo a Jesús: «¡Creo! ¡Ayúdame en mi incredulidad!» (Marcos 9:24, RVC). Él fue sincero con Jesús y recibió su milagro. Mantén tu mirada apartada de todo lo que robe tu fe y haz lo que dice Hebreos 12:2: «(apartando la mirada de todo lo que nos distraerá) fijemos nuestros ojos en Jesús, quien es el Autor y Perfeccionador de la fe» (según la *Amplified Bible*, traducción libre).

Evita escuchar a personas que no tienen fe e intentan robar tu fe al ser negativas o declarando las razones naturales por las que aquello que estás creyendo no puede suceder. Cuando Jesús fue a resucitar de la muerte a la hija de Jairo, no hizo entrar con Él al cuarto a los doce discípulos; tomó solamente a Pedro, Jacobo y Juan (Marcos 5:21-24, 35-43). No sabemos con certeza por qué tomó solo a ellos tres, pero quizá fue porque quería estar rodeado por los que tenían mayor fe.

Preocupación

Ora por tus preocupaciones en lugar de preocupar tus oraciones. En otras palabras, ora acerca de las cosas que te preocupan y te causan ansiedad, pero después de haber orado, no sigas preocupado. Orar pero continuar preocupado no demuestra fe en Dios. Aparta tus manos y tu mente de tus situaciones problemáticas y entrégalas por completo a Él. Cada vez que sientas que estás siendo llevado de nuevo a un problema, resiste la tentación de regresar y recuerda que has entregado el problema a Dios.

Falta de perdón

Aunque escribí en el capítulo cuatro sobre la importancia de perdonar a todo aquel contra quien tengas algo en tu corazón, quiero recordarte aquí cuán importante es. Pablo escribe en Efesios 4:26-27 que no deberíamos permitir que se ponga el sol sobre nuestro enojo, o daremos una ventaja al diablo en nuestra vida. Asegúrate de no olvidar nunca cuán importante es perdonar rápidamente y por completo.

> Asegúrate de no olvidar nunca cuán importante es perdonar rápidamente y por completo.

Orgullo

El orgullo nos hace pensar que podemos resolver nuestros propios problemas. Dios ayuda al humilde, pero se opone al orgulloso, o «resiste» al orgulloso como lo expresan algunas traducciones, según 1 Pedro 5:5-7 (NTV):

«Dios se opone a los orgullosos pero da gracia a los humildes». Así que humíllense ante el gran poder de Dios y, a su debido tiempo, él los levantará con honor. Pongan todas sus preocupaciones y ansiedades en las manos de Dios, porque él cuida de ustedes.

Este pasaje de la Escritura me resultó extremadamente útil mientras estaba aprendiendo a entregar a Dios mis afanes. Es el orgullo lo que nos hace pensar que podemos resolver nuestros problemas sin la ayuda de Dios. Antes de aprender a entregar a Él mis preocupaciones, me sentía frustrada porque nada de lo que yo hacía parecía funcionar, y estos versículos me enseñaron que en realidad Dios se oponía a mí debido a mi orgullo, y que no me ayudaría hasta que yo me humillara y admitiera que no podía ayudarme a mí misma. Tuve que aprender a entregar a Él mis preocupaciones y dejar que Él cuidara de mí.

Sé que soltar lo que nos preocupa puede dar miedo debido a malas experiencias que nos hicieron pensar que no podemos confiar en las personas, pero Dios no es en lo más mínimo como las personas. Él siempre hace lo que dice que hará. Si entregamos a Él nuestra preocupación, Él cuidará de nosotros.

Ora, entrega tu preocupación a Dios, y deja que la Escritura y el Espíritu Santo, quien es el Consolador, te consuelen en cualquier situación dolorosa y problemática que estés enfrentando.

CAPÍTULO 7

Con acción de gracias

El agradecimiento puede alegrar un día, e incluso cambiar una vida. Tu disposición a expresarlo con palabras es lo único necesario.

Margaret Cousins[14]

Vivir con un corazón agradecido, sin importar lo que esté sucediendo en nuestra vida en ese momento, al igual que la oración, es vitalmente importante para vencer la preocupación y la ansiedad. Recuerda que Filipenses 4:6 nos dice que oremos con acción de gracias para obtener la paz que sobrepasa todo entendimiento. Exploremos el poder y la disciplina de la gratitud en este capítulo y el siguiente.

Salmos 100:4 dice: «Denle gracias y declárenlo» (según la *Amplified Bible*, traducción libre). Este versículo contiene un mensaje poderoso. Podemos pensar que somos agradecidos, pero el verdadero poder está en declararlo. William Arthur Ward dijo: «Sentir gratitud y no expresarla es como envolver un regalo y no entregarlo».[15] También dijo: «Dios te hizo hoy un regalo de 86 400 segundos. ¿Has usado uno de ellos para decir gracias?».[16] Esa es una buena pregunta que todos debemos considerar.

Las personas no pueden leernos la mente, por lo que necesitan oír nuestras palabras, en especial palabras de gratitud. Ser agradecidos libera poder en nuestra vida, y decir que estamos agradecidos a Dios es muy importante. Decirles a las personas que somos agradecidos les da ánimo e incluso les fortalece. No podemos decir gracias demasiadas veces. Expresar gratitud evita que desarrollemos una actitud de sentirnos con derechos. Ni siquiera querremos dar por hecho lo que Dios hace por

> *Las personas no pueden leer tu mente, por lo que necesitan oír tus palabras.*

nosotros o lo que las personas hacen por nosotros y permitir que esos actos de bondad se conviertan en expectativas en lugar de en bendiciones que agradecemos.

Las personas preguntan con frecuencia: «¿Cuál es la voluntad de Dios para mi vida?». Hay otros aspectos para descubrir la voluntad de Dios total y concreta para cada uno de nosotros, pero 1 Tesalonicenses 5:18 nos enseña que la voluntad de Dios de dar gracias es para todos: «Den gracias a Dios en toda situación, porque esta es su voluntad para ustedes en Cristo Jesús». Si estás buscando la voluntad de Dios para tu vida, dar gracias en toda circunstancia es un buen lugar donde comenzar. A medida que continúes siendo agradecido, se te revelará más de los deseos concretos que Dios tiene para tu vida.

Dar gracias tiene un potente efecto en el ámbito espiritual. Satanás no quiere que seamos agradecidos. Quiere que murmuremos, nos quejemos y estemos descontentos, porque estas actitudes y conductas abren una puerta para que él pueda obrar en nuestra vida. Del mismo modo, creo que la gratitud abre una puerta para que Dios obre en nuestra vida.

Los israelitas recibieron el mandato de dar «ofrendas de acción de gracias» en ciertos momentos (2 Crónicas 29:31, 33:16; Salmos 107:22), y creo que esa es una idea estupenda. Además de tus ofrendas regulares, por qué no consideras dar algo especial tan solo porque quieres decir: «Gracias, Dios, por tu bondad en mi vida».

> *Cuando observas aquello por lo que tienes que estar agradecido, dejas de observar lo que te falta.*

Cuando observas aquello por lo que tienes que estar agradecido, dejas de observar lo que te falta. Creo que una actitud de gratitud muestra que estamos desarrollando un carácter íntegro y piadoso.

¿Estás enfocado en tus bendiciones o en tus problemas?

Cualquier cosa en la que nos enfocamos se convierte en lo más importante en nuestra vida. Si nos enfocamos en ello el tiempo suficiente, incluso puede convertirse en la única situación que vemos. Todos somos bendecidos, y las personas que piensan que no son bendecidas no ven con claridad. Puede que se hayan enfocado por tanto tiempo en lo que va mal en su vida, que han perdido su capacidad de ver las bendiciones que sí tienen. Hannah Whitall Smith escribió: «El alma que da gracias puede encontrar consuelo en todo; el alma que se queja no puede encontrar consuelo en nada».[17]

Recuerdo una ocasión en la que yo estaba descontenta con Dave. No dejaba de dar vueltas y vueltas a las cosas que él hacía y que me molestaban, y Dios me desafió a hacer una lista de lo que me molestaba de Dave y una lista de lo que me gustaba de él. Para mi sorpresa, cuando terminé las dos listas, la de cosas que me gustaban de Dave era mucho más larga que la de las cosas que no me gustaban. Si estás teniendo problemas con alguien en tu vida, piensa en hacer estas listas, y puede que descubras que los beneficios de esa persona sobrepasan con mucho a los problemas.

La mayoría de nosotros hemos oído que deberíamos contar nuestras bendiciones, y podría ser una buena idea hacer precisamente eso. Prueba a contar las tuyas, y probablemente te cansarás de contarlas antes de quedarte sin bendiciones.

Ser agradecido hará que te distraigas de tus ansiedades.

Recuerda: Filipenses 4:6 nos dice que oremos por nuestras necesidades y seamos agradecidos en lugar de estar ansiosos. Ser agradecidos nos distraerá de nuestras ansiedades.

Entiendo que escribir sobre ser agradecidos cuando tenemos problemas es mucho más fácil que ponerlo en práctica. De hecho, surgió una situación inesperada recientemente que realmente me molestó, de modo que tuve que aplicar este mensaje a mí misma. Fue difícil porque mis emociones estaban involucradas, pero cuando escribo o enseño, las emociones no participan. Mientras escribo estas palabras, han pasado unas dieciocho horas desde que surgió la situación. He recorrido casi el 80 por ciento del camino hacia la victoria, y necesitaré proseguir hasta que obtenga la victoria completa sobre esa circunstancia. Incluso después de eso, estoy segura de que volverán a mi mente pensamientos acerca de lo que sucedió, y tendré que renovar mi compromiso a orar y ser agradecida en lugar de estar angustiada y preocupada.

Si tienes un gran problema en tu vida en este momento, ora acerca de la situación y después pasa unos momentos pensando en las muchas cosas que Dios nos provee cada día, como paz, oración contestada, gracia, perdón de pecados, nuevos inicios, misericordia, esperanza, y paz con Dios por medio de Cristo. Él nos ayuda, está con nosotros todo el tiempo, y nos da fortaleza y sabiduría, por mencionar solo algunas de nuestras bendiciones. Jesús dice que tendremos tribulación (dificultades) en el mundo (Juan 16:33), pero tenemos la Palabra de Dios para ayudarnos. Solamente imagina cuán horrible es para las personas que tienen problemas y no tienen la ayuda de Dios.

El apóstol Pablo incluyó muchas oraciones en sus cartas, pero no puedo encontrar ningún lugar donde él oró para que los problemas de alguien desaparecieran. Sin embargo, sí oró para que pudieran soportar con una buena actitud cualquier cosa que llegara. Tener una buena actitud y gratitud durante la dificultad es una señal de madurez espiritual, y Dios nos llama a madurar a semejanza de Jesús. Pablo escribe en Efesios 5:1: «Imiten a Dios, como hijos muy amados». En Romanos 8:29, escribe: «Porque a los que Dios conoció de antemano, también los predestinó a ser transformados según la imagen de su Hijo, para que él sea el primogénito entre muchos hermanos».

Debemos seguir los pasos de Jesús. Él daba gracias a Dios regularmente y nunca se quejaba, ni siquiera cuando fue a la cruz y sufrió por nuestros pecados.

¿Expresas más gratitud que quejas, o más quejas que gratitud?

En la breve carta de Pablo a los Colosenses encontré cuatro veces en las que él enseña a las personas a dar gracias (2:6-7; 3:15, 17; 4:2). Nadie tiene que decirnos que nos quejemos, pues es una tendencia natural del ser humano, pero necesitamos que nos recuerden frecuentemente el dar gracias.

Escuché una historia sobre un hombre sin hogar que a menudo tenía hambre, tenía frío y estaba cansado. Tenía una mala salud, y no tenía familia que lo amara. Aunque este hombre a menudo tenía que encontrar sobras de comida para poder comer, siempre alimentaba a los pájaros con parte de lo que tenía. Cuando le preguntaron cómo se sentía con respecto a no tener hogar, respondió: «Tengo aire en mis pulmones y estoy agradecido por todas las bendiciones que he recibido. Estoy especialmente agradecido por tres cosas: estoy vivo, tengo la capacidad de amar, y tengo a mis queridos pájaros».

Esta es una historia bastante asombrosa. Ese hombre sin hogar estaba más agradecido por lo poco que tenía, de lo que la mayoría de nosotros lo estamos por la abundancia que disfrutamos. Deberíamos permitir que su ejemplo nos desafíe a crecer en esta área.

Dietrich Bonhoeffer escribió en su libro *Vida en comunidad*:

> En la comunidad cristiana, la gratitud es lo que es en cualquier otro lugar en la vida cristiana. Solamente quien da gracias por las cosas pequeñas recibe las cosas grandes. Evitamos que Dios nos dé los grandes dones espirituales que Él tiene preparados para nosotros porque no damos gracias por los dones diarios. Creemos que no nos atrevemos a estar satisfechos con la pequeña medida de conocimiento espiritual, experiencia, y amor que nos han sido dados, y que constantemente debemos estar buscando con anhelo el bien mayor. Entonces, deploramos el hecho de que carecemos de la certeza profunda, la fe fuerte, y la experiencia abundante que Dios ha dado a otros, y consideramos que ese lamento es piadoso. Oramos por las cosas grandes y olvidamos dar gracias por

los dones comunes y pequeños (y sin embargo, realmente no son pequeños). ¿Cómo puede Dios confiar grandes cosas a quien no recibirá con gratitud las pequeñas cosas de Él? Si no damos gracias diariamente por la comunidad cristiana en la que hemos sido ubicados, incluso cuando no hay experiencia grandiosa y abundancia por descubrir, sino mucha debilidad, fe pequeña, y dificultad; si, por el contrario, solo nos quejamos a Dios porque todo es tan irrisorio e insignificante, tan lejos de lo que esperábamos, entonces evitamos que Dios permita que nuestra comunidad crezca conforme a la medida y las riquezas que están a nuestra disposición en Jesucristo.[18]

Dios responde a las oraciones, pero nunca responde a las quejas. Por eso, Filipenses 4:6 nos enseña a orar con gratitud. La queja es la voz de la falta de agradecimiento por lo que tenemos. En 1 Tesalonicenses 5, inmediatamente después de leer en el versículo 18 que dice «den gracias a Dios en toda situación, porque esta es su voluntad para ustedes en Cristo Jesús», leemos en el versículo 19: «No apaguen el Espíritu». *Apagar* significa detener o extinguir, y creo que la queja sí que detiene al Espíritu.

> Dios responde a las oraciones, no a las quejas.

Debemos hacer todo «sin quejas ni contiendas», según Filipenses 2:14. El versículo siguiente, Filipenses 2:15, afirma que, si eliminamos esos hábitos de nuestras vidas, seremos como estrellas que brillan radiantes en «una generación torcida y depravada». Dondequiera que voy, oigo a personas quejarse, pero cuando conozco a alguien que es agradecido, siempre pienso: *Apuesto a que esa persona es cristiana.* ¿Por qué? Porque se comporta como la Biblia enseña a los cristianos a comportarse.

> La vida está llena de molestias, de modo que debes estar dispuesto a adaptarte.

¿Puedes sentirte molesto e incómodo sin quejarte? Si cualquiera de nosotros pudiera pasar un día entero sin quejarse de nada, eso podría encajar en la categoría de milagro. La queja parece ser nuestro estado por defecto en cualquier cosa que sea incluso un poco incómoda. La vida está llena de molestias, y dudo de que eso cambiará, de modo que debemos estar dispuestos a adaptarnos.

En Números 21:4-8, mientras los israelitas caminaban por el desierto, se quejaron por el maná (el pan del cielo) que Dios les daba cada día, y se quejaron de falta de agua, aunque Dios anteriormente ya había hecho el milagro de darles agua de una roca (Números 20:8-11). Se quejaban con Moisés de todo lo incómodo, e incluso se quejaron con Dios (Números 21:5). Su queja abrió la puerta para que entraran en su campamento serpientes venenosas, y muchas personas cayeron muertas en un solo día. Finalmente, le dijeron a Moisés: «Hemos pecado al hablar contra el Señor y contra ti. Ruégale al Señor que nos quite esas serpientes» (v. 7). Por lo tanto, Moisés oró y Dios contestó su oración. Es una lástima que tuvieran que morir tantas personas antes de que ellos entendieran y admitieran que habían pecado y le pidieran a Moisés que orara por ellos. Sí, la queja es pecado. Quizá nunca lo has visto de ese modo, pero lo es. Romanos 14:23 nos enseña que todo lo que no se hace por convicción, es pecado; y dudo que cualquiera de nosotros se queje por convicción o fe. Billy Graham dijo: «Para el hijo de Dios, la queja y la gratitud están en conflicto. Sé agradecido, y no te quejarás. Quéjate, y no serás agradecido».[19]

La queja fue uno de los motivos por los que a los israelitas les tomó cuarenta años hacer lo que en realidad era un viaje de once días por el desierto. Su inmadurez era una señal de que no estaban preparados para la Tierra Prometida, porque para poseer la tierra, antes tenían que expulsar a quienes la ocupaban en ese momento (Deuteronomio 9:1, 11:23). En otras palabras, tenían que pelear por lo que Dios les había dado.

Nosotros también debemos estar preparados para pelear por lo que Dios nos ha dado. Satanás intentará evitar que tomemos todo aquello por lo que Jesús murió para que lo tengamos. Podemos derrotar a Satanás si somos agradecidos con Dios y lo expresamos, pero no podemos derrotarlo con murmuración y queja. Es cierto que podemos hablar con Dios abiertamente sobre cómo nos sentimos en medio de nuestras dificultades, pero también deberíamos expresar nuestra gratitud y confianza en Él.

¿Estás dispuesto a hacer algo al respecto?

No te quejes de algo por lo cual no estás dispuesto a hacer nada. Por ejemplo, ¿te quejas de tu horario y de cuán ocupado estás? Yo lo hice hasta que Dios me dijo que era yo quien organizaba mi horario y podía cambiarlo si quería. Decía sí a demasiadas cosas en un esfuerzo por agradar a los demás, y necesitaba aprender a decir no cuando sabía que decir sí

No te quejes de algo por lo cual no estás dispuesto a hacer nada.

pondría demasiado estrés sobre mí. Si nos agotamos, no dormimos las horas suficientes, y vivimos bajo estrés continuo, entonces no podemos quejarnos cuando nos enfermemos.

¿Te quejas de tus facturas y de tu deuda? En ese caso, recuerda que eres tú quien gastó el dinero y, si no respetas el dinero, entonces no esperes dinero. No compres cosas que no puedes pagar y después te quejes porque tienes la presión de la deuda. La Palabra de Dios nos dice: «No tengan deudas pendientes con nadie, a no ser la de amarse unos a otros» (Romanos 13:8).

Nehemías se entristeció a causa de las murallas derribadas en Jerusalén, pero también tuvo la visión de reconstruirlas y trabajó duro para hacerlo (Nehemías 1—6). Habacuc tenía una queja, y Dios le dijo que escribiera la visión tan claramente, que todo aquel que pasara por allí pudiera leerla (Habacuc 2:1-2).

No puedes avanzar hacia una vida mejor quejándote.

Si tienes una queja o un agravio, ten una visión para arreglar el problema en lugar de quejarte y culpar a los demás. No podemos avanzar hacia una vida mejor quejándonos. La queja es una completa pérdida de tiempo, y no hace ningún bien.

El sacrificio de alabanza

Quizá no siempre nos sentimos agradecidos, pero aun así podemos ofrecer a Dios un sacrificio de alabanza (Hebreos 13:15). Bajo el Antiguo Testamento, los israelitas tenían que ofrecer los cuerpos muertos de animales como sus sacrificios, pero bajo el Nuevo Testamento podemos ofrecer acción de gracias y alabanza. Por difícil que pueda ser algunas veces ser agradecidos y ala-

A pesar de cuántos problemas tengas, sigues siendo bendecido más allá de toda comprensión.

bar a Dios, sigue siendo más fácil que lo que tenían que hacer los israelitas. A pesar de cuántos problemas molestos tengamos, Dios sigue siendo bueno y somos bendecidos más allá de toda comprensión.

Jesús observa

En Lucas 17:11-13 Jesús va de camino a Jerusalén. Al pasar entre Samaria y Galilea, se encuentra con diez leprosos, que se mantienen a cierta distancia y gritan: «¡Jesús, Maestro, ten compasión de nosotros!» (v. 13). Veamos lo que sucede después:

Al verlos, les dijo:—Vayan a presentarse a los sacerdotes. Resultó que, mientras iban de camino, quedaron limpios. Uno de ellos, al verse ya sano, regresó alabando a Dios a grandes voces. Cayó rostro en tierra a los pies de Jesús y le dio las gracias, no obstante que era samaritano. —¿Acaso no quedaron limpios los diez? —preguntó Jesús—. ¿Dónde están los otros nueve? ¿No hubo ninguno que regresara a dar gloria a Dios, excepto este extranjero? Levántate y vete —le dijo al hombre—; tu fe te ha sanado.

Lucas 17:14-19

Jesús observó que nueve de los diez leprosos no se molestaron en regresar y darle gracias por su sanidad. Eso significa que el 90 por ciento de quienes fueron sanados no expresó su gratitud por lo que Él había hecho. No puedo evitar preguntarme qué les sucedió a los otros nueve. Es mi oración que ésta no sea una estadística precisa de cuántas personas no se molestan en dar gracias a Dios por su bondad en sus vidas. Quizá necesitamos pensar en el hecho de que Dios ve todo lo que hacemos. Él está en todo lugar en todo momento, y conoce todas las cosas. Cuando no damos gracias, Jesús lo observa.

Todas las cosas ayudan para bien

Una razón importante por la que podemos dar gracias en todas las cosas es que la promesa de Dios en Romanos 8:28 es verdad: «Ahora bien, sabemos que Dios dispone todas las cosas para el bien de quienes lo aman, los que han sido llamados de acuerdo con su propósito». Si creemos la Palabra de Dios y confiamos en Él, podemos darle gracias en todas las cosas con facilidad porque creemos que, aunque las cosas que estemos experimentando actualmente puede que no sean buenas, Dios puede disponerlas con otras cosas y hacer que cooperen para bien.

En el Antiguo Testamento, aunque los hermanos de José lo trataron horriblemente, él les dijo que lo que ellos dispusieron para hacerle daño, Dios lo había dispuesto para bien (Génesis 50:20). Incluso el abuso sexual que yo soporté en mi niñez ha ayudado para el bien de muchas personas, porque, a medida que Dios me sanó y me liberó de los efectos del abuso, he podido compartir con otras personas que también han sido abusadas, y han sido alentadas a saber que Dios les sanará y les liberará también. Confía en Dios y permite que Él use tu dolor para beneficio de otra persona. Esta es la manera de derrotar al diablo. Vencemos el mal con el bien (Romanos 12:21).

Independientemente del tipo de problemas que experimentes en la vida, si confías en que Dios lo dispondrá para bien, te sorprenderá lo que Él hará. Creer eso te ayudará a dar gracias en medio de la dificultad. Sabes que no durará para siempre y que terminará bien.

> *Confía en Dios para solucionar tus problemas.*

Encuentra el bien en todo

¿Eres una persona optimista o pesimista? Tu vida se vuelve miserable o agradable no sobre la base de lo que está sucediendo a tu alrededor, sino por cuál es tu actitud hacia ello. Las personas que solo ven problemas son miserables, pero quienes encuentran el bien en las situaciones son felices, sin tener en cuenta sus circunstancias.

Santiago 1:2-4 dice: «Hermanos míos, considérense muy dichosos cuando estén pasando

> *Tu vida se vuelve miserable no por lo que está sucediendo a tu alrededor, sino por tu actitud.*

por diversas pruebas. Bien saben que, cuando su fe es puesta a prueba, produce paciencia. Pero procuren que la paciencia complete su obra, para que sean perfectos y cabales, sin que les falta nada» (RVC).

Este es un pasaje asombroso porque nos dice que, incluso en medio de las pruebas, si las consideramos (pensamos en ellas) como puro gozo, producirán paciencia en nosotros. Sorprendentemente, la paciencia hace que seamos personas a quienes no les falta nada.

Las personas verdaderamente pacientes pueden ser felices sin importar lo que esté sucediendo en su interior o a su alrededor. Pablo escribe que él había «aprendido a vivir en todas y cada una de las circunstancias», ya fuera en la pobreza como en la abundancia (Filipenses 4:12). Yo soy alentada por el hecho de que él *aprendió* a contentarse. No fue un resultado natural para él, sino que tuvo que decidir cómo ver la vida. También yo estoy aprendiendo a contentarme. No he llegado, pero prosigo hacia adelante.

Las pruebas son difíciles por naturaleza, pero son buenas para nosotros porque sacan lo que hay en nuestro interior, ya sea bueno o malo. Aprendemos a conocernos verdaderamente a nosotros mismos durante los tiempos difíciles. Yo digo con frecuencia que las pruebas sacaron muchas cosas de mi interior antes de producir paciencia. Cuando era una cristiana joven e inmadura, mis dificultades sacaban ira, impaciencia, confusión, autocompasión, y muchas otras respuestas poco piadosas. Pero, a medida que Dios continuó obrando en mi vida, finalmente obtuve paciencia. Le doy gracias a Dios por todas las experiencias que he tenido, tanto buenas como desafiantes, porque todas ellas ayudaron para bien.

Kahlil Gibran dijo: «El optimista ve la rosa y no sus espinos; el pesimista se queda mirando los espinos, ajeno a la rosa».[20] Algunas personas ven su vida de ese modo. Están

tan enfocadas en los espinos (las
dificultades), que nunca ven las
rosas (las bendiciones).

He llegado a creer que no ten-
dríamos ningún agradecimiento
o gratitud por los momentos
buenos de la vida si nunca expe-

> *No podemos ser
> agradecidos por los
> momentos buenos
> de la vida si nunca
> hemos experimentado
> dificultades.*

rimentáramos dificultades. Dave y yo conversamos a menudo
sobre los años difíciles que experimentamos cuando comenzamos Joyce Meyer Ministries, y damos gracias a Dios por
cuán dichosos somos ahora.

El autor y entrenador Marc Chernoff tuvo una conversa-
ción con su padre, que tenía 71 años, acerca de la vida y crecer mediante la adversidad, y dijo lo siguiente al respecto:

> Me identifiqué tanto con una de las últimas cosas
> que él dijo antes de colgar el teléfono, que lo anoté.
> Dijo: «Ha sido mi experiencia que la mayoría de las
> personas no son verdaderamente felices hasta que
> han tenido muchas razones para estar tristes. Creo
> que se debe a que son necesarios todos esos días
> malos y dificultades para enseñarnos a apreciar
> verdaderamente lo que tenemos. Desarrolla nuestra
> resiliencia».[21]

Estoy totalmente de acuerdo. Crecemos espiritualmente
durante los tiempos difíciles, y eso nos permite finalmente
disfrutar de la vida todo el tiempo, independientemente de
cuáles sean nuestras circunstancias.

Sé agradecido por todo lo que llega a tu vida, porque todo

se dispone para hacer de ti la persona que Dios quiere que seas. Considera tus dificultades como gozo, porque sabes que ellas están forjando algo bueno en ti (Santiago 1:2).

Romanos 8:37 nos enseña que somos más que vencedores por medio de Cristo, que nos ama. Creo que eso significa que sabemos que tenemos victoria antes incluso de que empiecen nuestras pruebas. Vivimos con una actitud ganadora porque Dios ya nos ha dicho que al final ganamos.

Al concluir este capítulo, permíteme pedirte que pienses en Job, el hombre del Antiguo Testamento que soportó dificultades terribles. Sus problemas fueron probablemente peores que cualquiera que nosotros hayamos experimentado, y, sin embargo, él pudo decir: «Yo sé que mi redentor vive, y que al final triunfará sobre la muerte. Y, cuando mi piel haya sido destruida, todavía veré a Dios con mis propios ojos. Yo mismo espero verlo; espero ser yo quien lo vea, y no otro. ¡Este anhelo me consume las entrañas!» (Job 19:25-27).

CAPÍTULO 8

La disciplina de la gratitud

La disciplina es el puente entre metas y logros.

Jim Rohn[22]

Probablemente, todos diríamos que queremos ser agradecidos; pero, como afirma Jim Rohn, la disciplina es el puente entre lo que queremos hacer y lograrlo. La Palabra de Dios nos enseña que deberíamos ser disciplinados. Aunque la disciplina no parece agradable cuando está siendo aplicada, producirá más adelante una «cosecha de justicia y paz» (Hebreos 12:11). La disciplina es un hábito que puede desarrollarse. No es una cualidad innata en nosotros; debemos entrenarnos en ella a propósito. Cuando nos disciplinamos a nosotros mismos, hacemos lo que sabemos que deberíamos hacer aunque no tengamos ganas de hacerlo. Podemos estar agradecidos cuando tenemos ganas de sentirnos agradecidos y también cuando no las tenemos.

Henri Nouwen dijo:

> La gratitud... va más allá del «mío» y «tuyo», y afirma la verdad de que toda la vida es un regalo. En el pasado, yo siempre pensaba de la gratitud como una respuesta espontánea al ser consciente de los regalos recibidos, pero ahora me doy cuenta de que la gratitud también puede vivirse como una disciplina. La disciplina de la gratitud es el esfuerzo explícito para reconocer que todo lo que soy y todo lo que tengo se me da como un regalo de amor, un regalo a ser celebrado con alegría.[23]

Las personas que son agradecidas se han entrenado y disciplinado a sí mismas para mirar lo que tienen y sorprenderse por el hecho de que Dios ha sido muy generoso con ellas. Saben que no lo merecen, pero están agradecidas por ello. Practican cada día el ser agradecidos. Cualquier angustia puede mejorar si mantenemos una actitud de gratitud. Cuando yo tengo un problema grande, inesperado y no deseado, mi primera tentación es quejarme, sentir lástima de mí misma, y preocuparme. Pero, mediante la disciplina, estoy aprendiendo a apartar la mirada de cualquier cosa que me distraiga de Dios y de su bondad y, en cambio, disciplinarme a mí misma para buscar las bendiciones en mi vida. Podemos encontrar algo bueno en toda incomodidad si solamente lo buscamos.

Cualquier angustia puede mejorar mediante la gratitud.

Podemos disciplinarnos a nosotros mismos para buscar lo bueno en todas las cosas. Una amiga mía, compartió esta lista conmigo:

- Estoy agradecida por poder levantarme de la cama cada mañana, incluso si estoy un poco tensa o un poco dormida, porque me recuerda que es estoy viva y tengo cosas que hacer cada día.
- Estoy agradecida cuando tengo que cocinar, porque me recuerda que tengo comida para comer.
- Estoy agradecida cuando me duelen los músculos por haber hecho ejercicio, porque me recuerda que tengo la bendición de tener salud y fortaleza.
- Estoy agradecida cuando tengo que cambiar el aceite en

mi auto, porque me recuerda que tengo un auto para llevarme donde necesite ir.

- Estoy agradecida cuando tengo que manejar invitaciones u oportunidades para estar con amigos o familia, porque me recuerda que soy bendecida con personas a quienes amar y personas que me aman.
- Estoy agradecida si mi ropa me queda un poco apretada, porque me recuerda que tengo comida en abundancia.
- Estoy agradecida cuando tengo que caminar hasta otra parte de la casa para apagar una luz o ajustar el termostato, porque me recuerda que tengo electricidad y un hogar cómodo.
- Estoy agradecida cuando mi papá anciano se mueve lentamente y toma tanto tiempo para hacer las cosas que se me agota la paciencia, porque recuerdo que él es una bendición maravillosa para mí.
- Estoy agradecida cuando pago mis facturas, porque me recuerda que puedo comprar lo que necesito.
- Estoy agradecida cuando me encuentro entre el tráfico, porque me recuerda que tengo algún lugar donde ir.
- Estoy agradecida cuando tengo que repetir lo que digo a personas a quienes les cuesta oír, porque me recuerda que tengo personas en mi vida que están interesadas en lo que tengo que decir.

La lista de mi amiga incluye cosas con las que la mayoría de nosotros podemos identificarnos; por lo tanto, la próxima vez que te encuentres en una de esas situaciones, espero que recuerdes ser agradecido debido a lo que esa situación te recuerda.

Yo estoy practicando disciplinarme para ser agradecida desde el momento en que me despierto cada mañana. Estoy agradecida porque puedo levantarme de la cama fácilmente e ir al cuarto de baño sin necesitar una silla de ruedas o a alguien que me ayude a llegar hasta allí. Estoy agradecida por tener agua tibia para lavar mi cara. Estoy agradecida por mi café en la mañana, porque *realmente* me gusta. Recientemente, derramé el café dos veces en una sola semana y causé un caos tremendo, pero me disciplinéé a mí misma para estar agradecida por tener café suficiente para poder prepararme otra taza.

Cuando comenzamos a buscar algo por lo que estar agradecidos en cada situación, se convierte en una práctica agradable que supera cualquier juego que un niño pueda jugar. Yo lo veo de este modo: el enemigo está haciendo lo posible por hacer que me moleste y me enoje, pero yo lo venzo cada vez que encuentro algo por lo que puedo estar agradecida en medio de un problema en lugar de quejarme al respecto.

> *Busca algo por lo que estar agradecido en cada situación.*

Creo que el diablo se propone lograr que nos molestemos. Utiliza cosas como café derramado, interrupciones molestas, personas con las que es difícil lidiar, y cientos de otras circunstancias para intentar molestarnos, pero, mediante la disciplina podemos encontrar un modo de estar agradecidos por algo en cada situación.

Pollyanna, una película de 1960 protagonizada por Hayley Mills, es la historia de una muchacha huérfana muy alegre que cambió la atmósfera de toda una ciudad mediante jugar a lo que ella llamaba «el juego de la alegría». Encontró un modo de estar alegre a pesar de lo que sucediera, en especial cuando algo podría haberle entristecido.

Cuando nos disciplinamos a nosotros mismos para ser agradecidos y alegres a pesar de lo que suceda, no solo eso nos cambia a nosotros sino también a las personas que nos rodean. Si hubiera bastantes de nosotros jugando a ese juego, bien podríamos cambiar el mundo. Imagina cuán diferente sería el mundo si toda la negatividad fuera sustituida por gratitud a causa de alguna bendición, independientemente de si las bendiciones fueran grandes o pequeñas.

> Cuando eres agradecido, no solo eso te cambia a ti sino también a las personas que te rodean.

Si lo piensas realmente, hay miles de cosas por las que estar agradecidos, y lo único que tenemos que hacer es disciplinarnos para buscarlas diariamente. La gratitud empodera y vigoriza.

¿Qué es la autodisciplina?

La autodisciplina es la capacidad de controlarnos y obligarnos a trabajar duro o comportarnos de un modo en particular sin necesidad de que alguien nos diga qué hacer.

A menudo escuchamos a personas decir: «Es que yo no soy disciplinado», pero esa no es una afirmación verdadera, porque Dios nos ha dado un espíritu de disciplina y autocontrol o dominio propio. Los siguientes versículos nos dicen eso:

> Pues Dios no nos ha dado un espíritu de timidez, sino de poder, de amor y de dominio propio.
>
> 2 Timoteo 1:7

> En cambio, el fruto del Espíritu es amor, alegría, paz, paciencia, amabilidad, bondad, fidelidad, humildad y dominio propio. No hay ley que condene estas cosas.
>
> Gálatas 5:22-23

> Más vale ser paciente que valiente; más vale el dominio propio que conquistar ciudades.
>
> Proverbios 16:32

La Palabra de Dios nos dice que seamos como la hormiga, que reúne comida en la cosecha sin que nadie le obligue a hacer lo correcto (Proverbios 6:6-8). Hay al menos dieciséis versículos en la Biblia que hablan de autocontrol o dominio propio. Dios nunca nos dice que hagamos algo que no podamos hacer; por lo tanto, decir que simplemente no podemos controlarnos no es verdad.

Cuando estamos desarrollando cualquier hábito, tenemos que practicarlo una y otra vez. Eso es tan cierto para la disciplina y el autocontrol como para cualquier otra cosa. Podemos desarrollar disciplina y autocontrol en áreas concretas si estamos dispuestos a realizar el esfuerzo.

Para desarrollar cualquier hábito, tienes que practicarlo una y otra vez.

Al escribir este libro, mi esposo ha entrenado con pesas por sesenta y tres años, y nunca le he oído quejarse de hacerlo. En raras ocasiones le oí decir: «El entrenamiento hoy fue desafiante. Sencillamente no quería hacerlo». Eso se debe a que tiene su mente concentrada y sigue concentrándola (Colosenses 3:2) en hacer lo que sabe que le ayudará a mantenerse fuerte y sano. Ese es un ejemplo de autodisciplina. Muchas personas han comentado que Dave se ve muy bien, y dijeron que «desearían» poder verse tan bien como él; pero él no llegó a ese punto solamente por desearlo. Tomó, y sigue tomando, disciplina y esfuerzo, y Dios nos da gracia para desarrollar ambas cosas si estamos dispuestos a hacer nuestra parte.

La autodisciplina requiere madurez y carácter. Quienes son autodisciplinados verán sus beneficios, y terminarán teniendo éxito en lo que hacen. Podríamos decir incluso que la disciplina nos conduce al éxito.

> *La autodisciplina requiere madurez y carácter.*

Como jefa, me gustan los empleados que son autodisciplinados. No tengo que hacer seguimiento a nadie para asegurarme de que haga lo que se le pide. En realidad, hay ocasiones en las que ellos hacen lo que es necesario hacer antes incluso de que yo lo pida, porque miran hacia delante y perciben cuál será la necesidad antes de que nadie se lo mencione.

Si personas así quieren formar un hábito, como el de ser más agradecidos, lo harán. Tomará tiempo, como sucede con todos los nuevos hábitos, pero no abandonarán hasta que lo desarrollen.

Mira a tu alrededor

Si quieres ser más agradecido, basta con mirar algunos de los desafíos que enfrentan otras personas. Piensa en las personas que no tienen un empleo antes de quejarte del tuyo. O, cuando seas tentado a quejarte por un dolor de cabeza, piensa en personas que acaban de recibir un reporte médico que les dice que tienen cáncer y solo les quedan tres meses de vida.

> *Para ser más agradecido, basta con mirar algunos de los desafíos que enfrentan otras personas.*

Cuando estamos sufriendo, nuestro primer impulso no es buscar a alguien que esté sufriendo más que nosotros, ni tampoco buscar un motivo para estar agradecidos; pero eso es lo mejor que podemos hacer, y es agradable a Dios. Si nos disciplinamos a nosotros mismos para hacerlo el tiempo suficiente, se convertirá en un hábito y ya no será algo que debemos «intentar» hacer, porque será nuestro modo normal de responder a las pruebas de cualquier tipo.

Escribir este libro me está ayudando porque, quizá como tú, tengo algunas situaciones problemáticas desarrollándose en mi vida en este momento. Sin embargo, no tengo que permitir que me desalienten, porque puedo estar agradecida a propósito. No tengo que seguir mis sentimientos o ser llena de autocompasión, porque tengo mucho más por lo que estar agradecida que por lo que quejarme. ¿Y tú? ¿Tienes más por lo que estar agradecido que por lo que quejarte? Estoy segura de que lo tienes, y encontrarás esas cosas si simplemente las buscas.

Antes de quejarte de algo, mira a tu alrededor y toma tiempo para ver si puedes encontrar algo por lo cual estar alegre. Ahora, verbalízalo. Verbalizar tu gratitud es importante por

> Antes de quejarte, busca algo por lo cual estar alegre.

muchos motivos. Bendice a Dios cuando somos agradecidos y lo expresamos, y oírnos a nosotros mismos decir que somos agradecidos nos resulta útil, porque según la Palabra de Dios, nos alimentamos de nuestras propias palabras. Las palabras tienen consecuencias que nos afectan. Proverbios 18:20 dice: «Cada uno se llena con lo que dice y se sacia con lo que habla».

Por último, pero no menos importante, nuestras palabras tienen un efecto en el ámbito espiritual. Ministran vida o muerte, según Proverbios 18:21: «En la lengua hay poder de vida y muerte; quienes la aman comerán de su fruto». El diablo tiene una oportunidad de causar problemas mediante las palabras enojadas que hablamos (Efesios 4:26-27), o liberan a los ángeles para que obren a nuestro favor porque los ángeles «ejecutan su palabra» (Salmos 103:20-21).

Comprométete

Quiero alentarte enfáticamente a que te comprometas, que te dediques sinceramente, a formar el hábito de ser agradecido en todas las cosas y por todas ellas, sabiendo que Dios es bueno y sacará algo bueno incluso de tus situaciones de mayor ansiedad si sigues sus indicaciones.

Creo sinceramente que la gratitud es una forma de guerra espiritual. Tenemos un enemigo, Satanás, al cual se hace referencia a menudo como el diablo. Está comprometido a nuestra destrucción, y trabaja duro para lograrla, deseando hacernos sentir angustiados y desagradecidos. Aborrece cuando confiamos en Dios, creemos que Él es bueno, o le damos gracias por algo. Pero las armas de nuestra guerra no son carnales; son espirituales (2 Corintios 10:4). La gratitud y un corazón agradecido son armas que ayudan a derrotar los malvados planes del diablo contra nosotros.

En 1 Crónicas 20 vemos que Josafat designó cantores para cantar y a otros para alabar a Dios durante un tiempo de batalla, y su alabanza confundió y derrotó al enemigo. Ellos cantaron: «Den gracias al Señor; su gran amor perdura para siempre» (2 Crónicas 20:21). También tú puedes confundir al enemigo siendo agradecido cuando, según tus circunstancias, deberías estar quejándote.

Cuando la ansiedad y la preocupación llenen tu mente y tu corazón, has aprendido las claves para tener paz a pesar de cuáles sean tus circunstancias. Permíteme que te las recuerde:

1. Recordar victorias pasadas.
2. Pelear la buena batalla de la fe.
3. Creer que Dios tiene el control.
4. Confiar en Dios.
5. Decidir creer que Dios nos ama mucho.

CAPÍTULO 9

La paz que sobrepasa todo entendimiento

Todos los hombres desean paz, pero muy pocos desean las cosas que producen paz.

Thomas a Kempis[24]

Filipenses 4:6-7, el pasaje de la Escritura en el que se basa este libro, nos enseña que, si oramos con acción de gracias en lugar de estar ansiosos y preocupados, la paz de Dios, que sobrepasa todo entendimiento, será nuestra. Paz que sobrepasa todo entendimiento es paz que Dios nos da en medio de las tormentas de la vida. Cuando la tenemos, entonces incluso cuando nuestras circunstancias digan que deberíamos sentirnos angustiados, ansiosos y preocupados, estamos en paz porque sabemos que Dios nos ama y cuidará de nosotros.

> Dios nos da paz que sobrepasa todo entendimiento en medio de las tormentas de la vida.

A mí me encanta la paz. Viví los cuarenta primeros años de mi vida sin ella, y ahora no creo que valga la pena vivir la vida si no la tengo. Haré casi cualquier cosa para tener paz. Confronto las cosas cuando tengo que hacerlo, pero valoro tanto la paz, que estoy dispuesta a renunciar a no perdonar, a estar ansiosa, preocupada, enojada, ofendida, o molesta a fin de tenerla.

Incluso estoy dispuesta a renunciar a tener la razón a menos que verdaderamente necesite adoptar una postura sobre algo importante. Es asombroso cuántas discusiones tenemos con otras personas en un esfuerzo por demostrar que tenemos la razón. Tener la razón está demasiado valorado, y nos cuesta mucho más de lo que vale. Según Proverbios 13:10, el orgullo causa contención y conflictos. Si deseamos verdaderamente la paz, a menudo necesitamos humillarnos no solo delante de Dios, sino también delante de otras personas.

Para ser clara, creo que deberíamos mantenernos firmes por la verdad, pero las personas tienden a discutir acerca de muchos temas que son insignificantes, «discusiones necias y sin sentido» (2 Timoteo 2:23). Debemos evitar esos temas y humillarnos si es necesario para evitar perder la paz en un esfuerzo por ganar una discusión que no vale la pena entablar.

Como hace la mayoría de las personas, hubo un tiempo en mi vida en el que oraba por la paz, pero parecía que me eludía la mayor parte del tiempo. Ocasionalmente, disfrutaba de paz cuando mis circunstancias estaban tranquilas, pero ese no era el caso con frecuencia. Siempre oraba para que cambiaran mis circunstancias, pero necesitaba orar para que *yo* cambiara. Tenía que ser más fuerte y más estable en lugar de ser tan fácilmente afectada por las circunstancias.

> *Oraba para que cambiaran mis circunstancias, pero necesitaba orar para que yo cambiara.*

La paz es nuestra herencia

El evangelista del siglo XIX, Dwight L. Moody, dijo: «Muchas personas intentan hacer la paz, pero eso ya ha sido hecho. Dios no ha dejado que la hagamos nosotros; lo único que tenemos que hacer es entrar en ella».[25]

A menudo, oímos a personas decir: «He perdido la paz», y es una afirmación verdadera. Tienen paz porque Jesús nos la ha dado; pero las personas pierden la paz debido a sus circunstancias, y entonces necesitan volver a encontrarla. Puedo recordar sentirme de ese modo. Finalmente aprendí que, según la Escritura, yo tenía paz pero no estaba entrando en ella. Cuando oraba, no es extraño que mis oraciones no fueran respondidas, pues oraba por algo que ya tenía. Jesús dice en Juan 14:27 (NTV):

> Les dejo un regalo: paz en la mente y en el corazón.
> Y la paz que yo doy es un regalo que el mundo no puede dar. Así que no se angustien ni tengan miedo.

A fin de entrar en la paz que Jesús me dio, tenía que dejar de permitirme a mí misma estar angustiada, ansiosa y preocupada. Dios había hecho su parte al darme paz, pero yo vi que no estaba haciendo mi parte. Me angustiaba y preocupaba mucho. Oraba solamente como un último recurso, después de haber hecho todo lo demás que sabía, y me quejaba en lugar de estar agradecida. Cuando sí oraba, lo hacía para que mi circunstancia problemática se fuera, en lugar de orar para que el Espíritu Santo me fortaleciera en mi interior para así poder resistir con buen ánimo cualquier cosa que saliera a mi camino.

La paz, y no eliminar circunstancias que no nos gustan, debería ser nuestra meta, porque si tenemos paz, no importa si las circunstancias son agradables o desagradables. Permanecemos igual. Paz no es la ausencia de problemas; es confiar en Dios en medio de las

> *Paz es confiar en Dios en medio de las tormentas de la vida.*

tormentas de la vida. A continuación tenemos una historia que ilustra este punto:

El verdadero significado de la paz

Había una vez un rey que anunció un premio para el artista que pintara la mejor pintura que describiera la paz. Muchos grandes pintores enviaron al rey varias de sus mejores obras de arte. Una de las pinturas entre las diversas obras maestras era de un lago en calma que reflejaba perfectamente unas montañas inmensas y con picos nevados. Arriba, se veía un cielo azul claro con blancas nubes. La pintura era perfecta. La mayoría de las personas que vieron las pinturas de paz de diversos artistas pensaron que era la mejor entre todas ellas.

No obstante, cuando el rey anunció al ganador, todos quedaron asombrados. La pintura que ganó el premió también tenía montañas, pero era simple y tosca. El cielo se veía muy sinuoso; había relámpagos. No parecía un paisaje pacífico en lo más mínimo. Parecía que el artista había enviado por error una pintura que describía una tormenta en lugar de paz. Sin embargo, si cualquiera miraba la pintura de cerca, podía ver un arbusto diminuto que crecía entre las grietas de la roca. En el arbusto, una mamá pájaro había construido su nido. En medio de la ráfaga de tiempo revuelto, el ave se posaba en su nido con paz.

Paz no significa estar en un lugar donde no hay

ningún ruido ni problemas. Paz significa estar en medio de todo el caos y, aun así, tener calma en el corazón. La paz verdadera es el estado mental, no el estado del entorno. La mamá pájaro, en paz y calma a pesar de su entorno caótico, ciertamente era la mejor representación de la paz.[26]

Satanás puede organizar una circunstancia desagradable y, mientras eso nos moleste, él gana; pero, cuando causa cosas molestas y no permitimos que nos molesten, entonces él pierde y nosotros ganamos.

San Francisco de Sales escribió: «El mismo Padre eterno que cuida de ti hoy, cuidará de ti mañana y cada día. O bien te protegerá del sufrimiento, o te dará fortaleza constante para soportarlo. Mantén la paz y deja a un lado todo pensamiento e imaginación angustiosos».[27]

Ladrones de paz

Cuando llegué al punto de querer la paz con el deseo suficiente para permitir que Dios me cambie en lugar de pedirle siempre que cambie mis circunstancias, finalmente comencé a disfrutar de paz. Tuve que llegar a saber cuáles eran mis ladrones de paz. En otras palabras, tuve que descubrir lo que el enemigo usaba para robarme la paz. Entre esas cosas se incluían electrodomésticos que necesitaban reparaciones que eran costosas, y no teníamos mucho dinero. También se incluían visitas médicas inesperadas para uno de los niños, y recetas que había que comprar. En aquella época no teníamos el tipo de seguro de salud que la gente tiene en la actualidad, y lo que teníamos no cubría las visitas al médico y las recetas. Teníamos lo que llamábamos hospitalización, que pagaba el 80 por ciento de las facturas hospitalarias si uno de nosotros tenía que ser hospitalizado, pero nada más.

En ese tiempo yo seguía siendo una cristiana inmadura, de modo que no se necesitaba mucho para que me sintiera molesta. Me molestaba si las cosas no salían como yo quería o si alguien no estaba de acuerdo conmigo, si Dave quería jugar golf y yo quería que se quedara en casa, y también por otras razones. Prácticamente todo lo que requería aunque solo fuera un poco de paciencia, abnegación o incomodidad me molestaba, me hacía sentirme ansiosa, y me causaba preocupación. Especialmente los reveses económicos me hacían preocuparme porque no sabía confiar en Dios para que supliera nuestras necesidades. Uno de mis mayores ladrones de paz eran las personas irrespetuosas, enojadas, y ofensivas que eran mezquinas y desagradables conmigo sin motivo, o que me culpaban de sus problemas en lugar de responsabilizarse personalmente de ellos. Cuando comencé a identificar mis ladrones de paz, trabajé con Dios en cada uno de ellos para hacer todo lo posible por seguir el patrón de Filipenses 4:6-7: negarme a estar ansiosa o preocupada, orar en toda circunstancia con acción de gracias y experimentar la paz de Dios.

Realmente no son las situaciones o las personas desagradables lo que nos molesta; es el modo en que manejamos eso. Para las personas que confían verdaderamente en Dios, no importa si Dios quita el problema o les da la fuerza para soportarlo. En cualquiera de los casos, dejan a un lado toda ansiedad y preocupación, y se mantienen en paz porque saben que Dios les ama y siempre hará lo que es mejor para ellos.

¿Qué piensas?

Los pensamientos que permitimos o no entrar en nuestra mente determinan la medida de paz que disfrutaremos o perderemos. Isaías se dirige a Dios en Isaías 26:3 diciendo: «Tú guardas en completa paz a quien siempre piensa en ti y pone en ti su confianza» (RVC).

Tus pensamientos determinan tu medida de paz.

Tenemos la mente de Cristo, según 1 Corintios 2:16. La mente de Cristo se refiere a los pensamientos, sentimientos y propósitos de su corazón. Según este versículos, tenemos la capacidad de pensar como lo haría Jesús, pero debemos decidir hacerlo.

Romanos 8:6 dice que tenemos la mentalidad de la carne y la mentalidad del Espíritu, pero, una vez más, nosotros decidimos desde cuál de ellas operaremos: «La mentalidad pecaminosa es muerte, mientras que la mentalidad que proviene del Espíritu es vida y paz». Si decidimos pensar de acuerdo al Espíritu, tenemos vida y paz; pero, si decidimos pensar según la carne, entonces tenemos muerte. Esta muerte abarca todas las angustias que surgen del pecado, pero también incluye las consecuencias de la mentalidad carnal. Dios nos ha dado lo que necesitamos para poder pensar de maneras que nos permitan disfrutar de paz; pero, como siempre, Él deja en nuestras manos la decisión.

Dios no tiene interés en forzarnos a hacer lo correcto, pero sí quiere que decidamos hacer lo correcto. Nuestro modo de

Dios quiere que decidas hacer lo correcto.

considerar las dificultades que surgen en nuestra vida determina cómo nos afectarán. Si pensamos según la carne, nuestros pensamientos serían similares a esto: *Lo único que tengo siempre son problemas. No sé por qué Dios permite que me sucedan estas cosas. Ahora tendré otro día miserable. Me preocupa esta situación, y me siento ansioso porque no sé cómo resolver el problema.*

Si pensamos según el Espíritu, nuestros pensamientos serían similares a esto: *No esperaba este problema, pero confío en que Dios cuidará de mí. Voy a orar al respecto y estar agradecido por todas las bendiciones en mi vida. Este problema es solo una cosa, y tengo cientos de cosas por las que estar agradecido. Dios siempre ha sido fiel conmigo, y sé que no me abandonará esta vez. Esto ayudará para mi bien.* Podemos ver fácilmente que los pensamientos carnales nos hacen sentir angustiados, y los pensamientos espirituales nos dan paz.

¿Cómo piensas normalmente cuando enfrentas problemas, dificultades inesperadas o decepciones? ¿Te preocupas inmediatamente y comienzas a sentirte ansioso, u oras con gratitud y esperas que Dios saque algo bueno de la situación?

Creo que las pruebas más difíciles con las que lidiar son las que llegan inesperadamente y sin advertencia. Quizá nos levantamos en la mañana con planes maravilloso para el día y, de repente, tenemos que lidiar con un problema que no anticipamos y nuestros planes deben cambiar. Esas son situaciones difíciles, pero una respuesta adecuada a ellas nos permitirá seguir teniendo un buen día a pesar de todo.

Derribar argumentos

Segunda de Corintios 10:4-5 dice algo que es importante que todos entendamos:

> Las armas con las que luchamos no son las de este mundo, sino las poderosas armas de Dios, capaces de destruir fortalezas y de desbaratar argumentos y toda altivez que se levanta contra el conocimiento de Dios, y de llevar cautivo todo pensamiento a la obediencia a Cristo. (RVC)

Este pasaje nos enseña que nuestras armas espirituales son eficaces para «destruir fortalezas» y así podemos «desbaratar argumentos y toda altivez que se levanta contra» Dios y su Palabra. La versión Reina-Valera 1960 traduce la segunda frase como «derribando argumentos».

Para entender plenamente este pasaje de la Escritura, por favor léelo despacio, pensando en cada punto que establece:

• Estamos en una guerra espiritual.
• Tenemos armas.
• Estas armas son poderosas delante de Dios para el derrocamiento y la destrucción de fortalezas.
• Con estas armas refutamos argumentos, teorías, razonamientos e imaginaciones.
• Podemos llevar cautivo todo pensamientos a la obediencia a Jesucristo.

Una fortaleza es un área ocupada y dominada por un

Satanás es tu enemigo, y trabaja para construir fortalezas en tu mente.

enemigo. Satanás es nuestro enemigo, y trabaja para construir fortalezas en nuestra mente. Debemos derribar esas fortalezas con la Palabra de Dios llevando cautivo todo pensamiento que no esté de acuerdo con su verdad.

Cuando comencé mi relación con Dios por medio de Jesucristo, tenía muchas fortalezas en mi mente debido a mi vida pasada. El diablo me había mentido por años, y tenía pensamientos como: *Nunca superaré mi pasado. Siempre tendré una vida de segunda categoría porque fui abusada. No se puede confiar en los hombres. Cuidaré de mí misma y nunca necesitaré a nadie, porque solamente me decepcionarán.*

Derribar esas fortalezas y sustituirlas por las promesas de Dios tomó tiempo y mucha repetición, pero ahora soy libre, y pienso de modo totalmente diferente a como lo hacía cuando me convertí en cristiana. El diablo me había dicho esas mismas mentiras una y otra vez por años, y cada vez que rechazaba una mentira y la sustituía por la Palabra de Dios, la mentira perdía un poco de su poder. Continué así, y sigo practicando declarar la Palabra de Dios y meditar en ella.

Cuando tenemos un problema, nuestra imaginación se pone a trabajar enseguida. Imaginamos (pensamos) todo tipo de cosas horribles que pueden suceder como resultado. Imaginamos que el problema nunca se irá. Imaginamos que todo empeorará y no podremos lidiar con ello. Imaginamos que será más de lo que podamos soportar. Quizá comenzamos a pensar que Dios no nos ama o que hemos hecho algo mal, y concluimos que por eso tenemos el problema. Las ideas equivocadas que podemos imaginar y pensar son casi interminables, pero podemos derribar esas fortalezas mentales si meditamos en la Palabra de Dios y permitimos que su verdad sustituya las mentiras que hemos creído anteriormente.

La principal arma de Satanás es el engaño.

La principal arma de Satanás contra los creyentes es el engaño. Cuando somos engañados, creemos mentiras. Aunque son mentiras, se convierten en realidades para nosotros si las creemos, y no podemos dejarlas atrás hasta que aprendemos la verdad. La Palabra de Dios es verdad y, si nos disciplinamos para aprenderla y meditar en ella regularmente, renovará nuestra mente. Entonces, cuando enfrentemos circunstancias desagradables, disfrutaremos de la paz que sobrepasa todo entendimiento.

CAPÍTULO 10

Preocupación y ansiedad por nosotros mismos

Una mente sin paz no puede operar normalmente. De ahí que los apóstoles nos enseñen a no estar ansiosos por nada (Filipenses 4:6). Entrega a Dios todo pensamiento de ansiedad en cuanto surja, y deja que la paz de Dios guarde tu corazón y tu mente (v. 7).

Watchman Nee[28]

Somos demasiados quienes tenemos la idea errónea de que Dios espera de nosotros que seamos perfectos. Si eso fuera cierto, entonces no habría sido necesario enviar a Jesús para perdonar nuestros pecados, ni habernos dado al Espíritu Santo para ayudarnos en nuestras debilidades. Cuando tenemos expectativas irrazonables de perfección con respecto a nosotros mismos, no alcanzamos nuestras metas y terminamos ansiosos y preocupados. Nos preocupa no estar a la altura, o no ser lo bastante buenos o hacer lo suficiente, no lucir lo bastante bien, no ser lo bastante inteligentes, no agradar a Dios, y otras cosas. Esas preocupaciones y ansiedades diarias y aparentemente pequeñas pueden acumularse y conducir a una situación más seria, de modo que deberíamos aprender a depositar sobre el Señor toda preocupación y afán, orar por nuestras

No permitas que se acumulen las ansiedades, sino lidia con cada una cuando llegue.

circunstancias, ser agradecidos por lo que hacemos bien con la ayuda de Dios, y disfrutar de la paz que sobrepasa todo entendimiento.

Nunca es sabio permitir que las angustias y preocupaciones se acumulen y se conviertan en una pesada carga. Lidia con cada una cuando llegue, según Filipenses 4:6-7. Si lo haces, la gracia que necesitas estará a tu disposición para cada día. Igual que Dios les daba a los israelitas maná suficiente para un día, también nos da gracia para un día y espera que confiemos en Él para el día siguiente.

Es sabio saber cómo nos ve y piensa Dios sobre nosotros, de acuerdo a su Palabra. Dios te ama incondicionalmente, tienes paz con Él por medio de tu fe en Jesús, eres justificado, santificado, poderoso, talentoso, creativo, único y especial; y tienes muchas otras cualidades extraordinarias. Si sabes eso, el enemigo no tendrá éxito en engañarte.

Hoy puedes y deberías quitar de tus espaldas la presión de intentar ser perfecto comenzando a entrenar de nuevo tu mente para saber que no manifestarás perfección mientras vivas en un cuerpo de carne y sangre. El Huerto del Edén era perfecto, y Adán y Eva eran perfectos hasta que pecaron; pero, desde la caída de la humanidad, nada en la vida ha sido perfecto, y no hay personas perfectas. Si tienes una expectativa poco realista de ti mismo, de otras personas o de tu propia vida, quedarás decepcionado.

Dios nos ve perfectos debido a la obra que Él ha hecho en nosotros por medio de Cristo, y aunque continuamente vamos creciendo hacia manifestar más y más de esa perfección, no llegaremos plenamente hasta que Jesús regrese por nosotros. Podemos tener un corazón perfecto hacia Dios y aun así no actuar perfectamente en todo lo que hacemos. Cuando Jesús regrese para llevarnos al cielo para vivir con Él por toda la eternidad, recibiremos un cuerpo glorificado. Entonces seremos perfectos, pero no hasta entonces.

> *Puedes tener un corazón perfecto hacia Dios y aun así no actuar perfectamente.*

Mateo 5:48 dice que deberíamos ser perfectos como nuestro Padre celestial es perfecto. Cuando leí por primera vez este versículo, sentí que estaba intentando hacer algo que sabía que era imposible. Me resultó muy útil leer cómo lo expresa la versión *Amplified Bible*: «Por lo tanto, deben ser perfectos (creciendo hacia la madurez completa y la piedad en mente y carácter, habiendo alcanzado la altura adecuada de virtud e integridad), como su Padre celestial es perfecto» (traducción libre). Eso me enseñó que ser perfecto significa crecer hacia la completa madurez mental y de carácter, y me ayudó a entender que, posicionalmente (en Cristo) yo era perfeccionada, pero en la experiencia estaba creciendo hacia ella diariamente. Siempre deberíamos estar creciendo espiritualmente, siendo transformados gradualmente a la imagen de Jesucristo. El apóstol Pablo dijo que él trabajaba hacia esa meta, y aunque no la había alcanzado, proseguía para hacerla suya:

> *Siempre deberíamos estar creciendo espiritualmente*

No es que ya lo haya alcanzado, ni que ya sea perfecto, sino que sigo adelante, por ver si logro alcanzar aquello para lo cual fui también alcanzado por Cristo Jesús. Hermanos, yo mismo no pretendo haberlo alcanzado ya; pero una cosa sí hago: me olvido ciertamente de lo que ha quedado atrás, y me extiendo hacia lo que está adelante; ¡prosigo a la meta, al premio del supremo llamamiento de Dios en Cristo Jesús!

Filipenses 3:12-14 (RVC)

Yo quiero comportarme perfectamente, y si tú amas a Dios, estoy segura de que también quieres eso. La buena noticia es que Dios mira nuestro corazón (1 Samuel 16:7), y Él nos ve en Cristo, quien es perfecto. Eso significa que la perfección de Cristo nos es acreditada a nosotros, igual que se nos acredita nuestra justicia debido a nuestra fe, según Romanos 4:23-24.

Dios nunca se sorprende

Queremos la paz, y Jesús nos dejó su paz, como leemos en Juan 14:27; por lo tanto, es posible que tengamos paz. No obstante, igual que no debemos estar ansiosos y preocupados por nuestras circunstancias, tampoco debemos estar ansiosos y preocupados por nuestra perfección, nuestros errores del pasado, o los errores que cometeremos en el futuro.

Dios sabía todo lo que harías, fuera bueno o malo, y de todos modos te escogió.

Dios sabe todo en todo momento. Él sabía todo lo que haríamos, fuera bueno o malo, antes de que naciéramos, y de todos modos nos escogió. Eso es asombroso, pero cierto.

Jeremías era un joven llamado por Dios para ser profeta, pero sentía que era el hombre equivocado para la tarea. Veamos cómo respondió Dios a la incredulidad de Jeremías con respecto a que Dios podía usarlo:

La palabra del Señor vino a mí: «Antes de formarte en el vientre, ya te había elegido; antes de que nacieras, ya te había apartado; te había nombrado profeta para las naciones».

Yo le respondí: «¡Ah, Señor mi Dios! ¡Soy muy joven, y no sé hablar!». Pero el Señor me dijo:

«No digas: "Soy muy joven", porque vas a ir

adondequiera que yo te envíe, y vas a decir todo lo
que yo te ordene. No le temas a nadie, que yo estoy
contigo para librarte». Lo afirma el Señor.

Jeremías 1:4-8

Jeremías no tenía una buena opinión de sí mismo o de sus
capacidades. La Palabra de Dios sí nos dice que no tengamos un concepto de nosotros más alto que el que debemos
(Romanos 12:3), pero nunca nos dice que tengamos una
mala opinión de nosotros mismos. Deberíamos vernos «en
Cristo», y nuestra confianza debería estar en Él (Filipenses
3:3). Nuestras fortalezas y capacidades son regalos de Él, y
nuestras debilidades deberían hacer que pongamos nuestra
confianza en Él y con alegría lo observemos obrar por medio
de nosotros de maneras que nunca podríamos imaginar.

Jeremías no fue la primera persona en pensar que era el hombre equivocado para hacer algo para Dios. Cuando Dios llamó
a Moisés para liberar a su pueblo de la esclavitud en Egipto, él
protestó y después pasó a decirle a Dios por qué no estaba cali-
ficado para la tarea (Éxodo 3:7—4:17). Gedeón hizo lo mismo
(Jueces 6:11-23). Dios no se agradó de esas actitudes, pero fue
paciente con ellos y les ayudó a madurar hacia su llamado.

Al igual que Jeremías, Moisés y Gedeón, las personas normalmente se enfocan en sus errores y no ven sus fortalezas,
o no entienden que la fortaleza de Dios se perfecciona en sus
debilidades (2 Corintios 12:9). Salmos 139:13-14 nos enseña
que Dios nos creó en el vientre de nuestra madre. Dios no
comete errores. Tú no eres un error, y no tienes que preocuparte por tus imperfecciones.

Puede que no te guste todo lo que haces, pero te insto a

No tienes que preocuparte por tus imperfecciones.

que aceptes a la persona extraordinaria y única que Dios te hizo ser. Tener una actitud humilde pero buena acerca de ti mismo es vital si quieres disfrutar tu vida. No puedes estar en paz contigo mismo si estás en guerra contigo mismo.

Tal vez no te consideras inteligente, fuerte o cualquier otra cosa que te gustaría ser, pero recuerda que Dios «escogió lo insensato del mundo para avergonzar a los sabios» (1 Corintios 1:27).

Nuestras imperfecciones no evitan que Dios nos use. Él busca disponibilidad, no habilidad. Cuando Dios me llamó a enseñar su Palabra, yo era un caos total. Mi alma estaba herida profundamente debido al abuso sexual que había experimentado durante mi niñez, y a causa de esas heridas, mi conducta no era buena. Mi estado emocional normal era sentirme enojada, culpable y temerosa. Tenía una cosa a mi favor, y era que yo amaba a Dios. No tenía una relación correcta con Él, pero quería tenerla. Dios vio no solo donde yo estaba sino también dónde estaría si Él me daba una oportunidad y trabajaba conmigo. Lo mismo se aplica a ti.

A medida que estudiaba la Palabra de Dios para enseñar a otras personas, yo misma la aprendía. Mi mente estaba siendo renovada y, como resultado, ahora soy una persona cambiada. Sigo teniendo muchas imperfecciones, pero siempre estoy creciendo y he aprendido a estar en paz conmigo misma. Siempre estoy progresando, y dentro de un año estaré más avanzada de lo que estoy ahora. Tú también lo estarás si continúas estudiando y aplicando la Palabra de Dios.

Estar ansiosos con nosotros mismos gran parte del tiempo

puede causar finalmente problemas más profundos con la ansiedad, problemas que quizá requieran ayuda profesional o medicación para ser corregidos.

Algunos de los seguidores de Jesús le preguntaron cómo podían agradar a Dios, diciendo: «¿Qué tenemos que hacer para realizar las obras que Dios exige?» (Juan 6:28). Jesús respondió: «Esta es la obra de Dios: que crean en aquel a quien él envió» (Juan 6:29). Si simplemente creemos en Dios y obedecemos su Palabra en cada situación que nos encontramos, podríamos eliminar la ansiedad y la preocupación de nuestra vida. Creer en Dios hace que entremos en su reposo sobrenatural (Hebreos 4:3), que es la paz que sobrepasa todo entendimiento.

> *Obedece la Palabra de Dios y eliminarás la ansiedad de tu vida.*

No vivas en tu pasado

Isaías nos enseña con respecto a la importancia de soltar el pasado:

> Olviden las cosas de antaño; ya no vivan en el pasado. ¡Voy a hacer algo nuevo! Ya está sucediendo, ¿no se dan cuenta? Estoy abriendo un camino en el desierto, y ríos en lugares desolados.
>
> Isaías 43:18-19

Persigue la paz

Antes de poder disfrutar de paz con nosotros mismos, debemos tener paz con Dios. Primera de Pedro 3:10-11 me enseñó

Antes de que puedas disfrutar de paz, debes tener paz con Dios.

la importancia de estar en paz con Dios, conmigo misma, y con otras personas si quiero disfrutar mi vida. Este pasaje también me enseñó que, si queremos paz, debemos buscarla y perseguirla.

En ocasiones en mi vida, estaba orando por paz pero no hacía mi parte para obtenerla. No perseguía la paz y hacía que fuera una prioridad. Puedo decirte por experiencia que, si quieres disfrutar una vida de paz, tendrás que buscarla, perseguirla con ganas, y ser diligente en seguirla. También tendrás que estar dispuesto a hacer cambios en tu modo de enfocar la vida. Tal vez necesites recortar algunas cosas de tu horario, ralentizar el paso, o decir no a cosas que sabes que no deberías hacer. Puede que necesites identificar tus ladrones de paz, evitarlos, y no permitir que Satanás se aproveche de ti mediante esas cosas. Quizá tengas que aprender a no ser susceptible u ofenderte con facilidad, perdonar con frecuencia y rápidamente, y no preocuparte ni estar ansioso sino tomar la vida tal como viene, un día a la vez. La paz es extremadamente valiosa, y sin duda vale la pena renunciar a cualquier cosa que te la robe.

Tienes que perseguir la paz y buscarla con ganas.

A fin de tener paz con nosotros mismos, primero debemos tener paz con Dios, lo cual llega en una relación personal con Él por medio de recibir a Jesús como Señor y Salvador y ser obediente a Él todo lo posible. Cuando pecas, como todos pecamos, el modo de recuperar la paz con Dios es admitirlo, pedir perdón a Dios, recibir su perdón, y entonces entender que tu pecado está en el pasado. Entonces, puedes hacer lo que hizo Pablo: dejar lo que queda atrás y proseguir (Filipenses 3:13).

Cuando Dios perdona nuestros pecados, los olvida y no los recuerda más (Hebreos 10:17), y nosotros deberíamos hacer lo mismo. No debemos arrastrar una carga de culpabilidad y condenación por algo que ha sido perdonado y ha quedado en el pasado. Creo que sentirnos culpables después de habernos arrepentido es nuestro modo carnal de intentar pagar por nuestros pecados. Eso no está bien, porque Jesús ya ha pagado por ellos, y Él no necesita nuestra ayuda.

Puedes mantener la paz con Dios mediante el arrepentimiento de cualquier cosa que creas que has hecho mal. Dios ya conoce todo lo que haremos mal cuando nos invita a tener una relación con Él, y el perdón que necesitamos ya ha sido provisto por medio de la muerte y resurrección de Jesús. Lo único que tenemos que hacer es pedirlo y recibirlo.

Cuando tenemos paz con Dios, podemos tener paz con nosotros mismos. Más de cuarenta años de experiencia en el ministerio me han enseñado que una inmensa mayoría de personas no se aman a sí mismas ni tienen paz consigo mismas; por lo tanto, no pueden amar a las personas que hay en sus vidas y tener paz con ellas. Si esta situación te describe a ti, es urgente que abordes el problema y veas que Dios quiere que estés en paz contigo mismo. El número de problemas causados cuando no nos amamos a nosotros mismos de forma balanceada es inimaginable. Amarte a ti mismo es simplemente recibir el amor de Dios. No es estar

> *Amarte a ti mismo es simplemente recibir por la fe lo que Dios ofrece.*

enamorado de ti mismo o ser egocéntrico; es sencillamente recibir por la fe lo que Dios ofrece mediante su gracia. Su amor es incondicional (sin condiciones o compromisos) y, por lo tanto, todos cumplimos con las calificaciones para recibirlo. Simplemente recíbelo y siéntete agradecido y sorprendido.

Razones por las que las personas no están en paz consigo mismas

Una de las principales razones por las que muchas personas no están en paz consigo mismas es que permiten que lo que otras personas piensan y

Acepta tu singularidad. dicen sobre ellos determine cómo se sienten consigo mismas. Ese es un grave error, porque siempre habrá alguien que tenga algo desagradable que pensar o decir, y no debemos permitir que sus opiniones o palabras se conviertan en nuestra verdad. En cambio, necesitamos ver lo que Dios dice sobre nosotros y creer eso. Si lo hacemos, estaremos en paz con nosotros mismos.

Otra razón por la que tal vez no estamos en paz con nosotros mismos es que nos comparamos con otras personas, pensando que deberíamos ser como ellos y hacer lo que ellos hacen. Pero Dios nos ha creado a todos nosotros como personas únicas y singulares, e intentar ser alguien distinto a quien Él nos ha hecho es no solo agotador, sino también imposible. Ralph Waldo Emerson dijo: «Ser tú mismo en un mundo que intenta constantemente hacer de ti otra persona es el mayor de los logros».[29]

Si aceptas tu singularidad, serás memorable. Si sigues

rechazándote a ti mismo e intentando ser otra persona, simplemente estarás frustrado.

A menudo nos agotamos intentando ser algo que nunca podemos ser y que nunca se pretendió que fuéramos porque queremos que nos vean como alguien perfecto. La perfección a este lado del cielo es un mito. Las personas se atormentan intentando alcanzar la perfección para así poder sentirse bien consigo mismas, pero Dios nunca quiso que encontráramos nuestro sentimiento de autoestima en nuestros propios logros. Quiere que sepamos que nuestra dignidad y valor están en quiénes somos en Cristo y en nuestra relación con Él.

> La perfección a este lado del cielo es un mito.

Algunas personas no pueden estar en paz consigo mismas porque no les gusta el modo en que lucen o debido a algún otro rasgo que tienen y que les gustaría no tener. Otras batallan debido a características que no tienen y les gustaría tener. Por mucho tiempo, no me gustaba mi personalidad porque no sentía que era como otras mujeres. Intentaba muy duro ser lo que yo pensaba que era una «mujer normal», alguien que hacía la ropa de su familia, cuidaba del jardín, preparaba verduras en conserva, hacía gelatina, era una experta en decorar su hogar, y regalaba a su familia comidas deliciosas cada día.

¡Pero yo no era así! Cualquier intento de cultivar algo fue un fracaso total. Sabía cocinar decentemente, pero nada muy elaborado. Incluso intenté hacer unos *shorts* para Dave después de tomar unas clases de costura, pero cuando los terminé, los bolsillos eran más largos que los pantalones. No es necesario decir que se veían un poco extraños.

Me perseguía a mí misma intentando ser algo para lo cual Dios no me había creado. Yo era una buena esposa y buena madre, pero también era única y singular. No hacía todo del mismo modo que lo hacían otras mujeres, y me tomó varios años de angustia llegar a entender que no estar en paz conmigo misma estaba obstaculizando todo el plan que Dios tenía para mi vida. Producirá lo mismo en tu vida si no estás en paz contigo mismo.

La forma en que me sentía conmigo misma también hacía imposible que tuviera buenas relaciones con otras personas. Frecuentemente, acudía a otros para que me dieran lo que solamente Dios podía darme: un sentimiento de valía.

Date un gran abrazo a ti mismo y di: «Te acepto. Estoy en paz contigo, ¡y en realidad me caes bien!». Podría ser el comienzo de una gran relación.

COMENTARIOS FINALES

Mencioné anteriormente en este libro que, mientras lo escribía, me preocupaba mi próxima cirugía de cataratas. Tenía los ojos muy secos, y me habían dicho que la cirugía podría empeorar eso. Cuando terminé de escribir este libro, la cirugía estaba terminada y había tenido tiempo para curarme. Estoy muy contenta de reportar que mis ojos no están más secos de lo que estaban antes de la operación; de hecho, ¡están *menos secos*! Había sufrido tanto por mis ojos secos antes de la operación que, para mí, el hecho de que ahora estén más húmedos es un milagro.

Este sencillo librito puede cambiar tu vida si aplicas los principios que contiene. No tienes que estar ansioso, preocupado y angustiado. Dios te ofrece una manera mejor: una manera de vivir pacífica.

En cualquier momento que lleguen a tu mente pensamientos de ansiedad o preocupación, recuerda Filipenses 4:6-7. Determina en tu corazón no inquietarte por nada. Ora inmediatamente; no esperes. Pasa a la acción enseguida. Pide a Dios que se ocupe de la situación, y hazlo con un corazón agradecido por lo que Él ya ha hecho en tu vida. Cuando hagas eso, la paz que sobrepasa todo entendimiento será tuya. Recuerda que llegar a este punto es un proceso; tendrás que ser persistente y negarte a rendirte hasta que la paz sea la condición normal en la que vives.

Éxodo 14:14 dice: «El Señor peleará por ustedes, y *mantendrán la paz y estarán tranquilos*» (*Amplified Bible*, énfasis añadido; traducción libre). El diablo sin duda intentará robarte la paz, pero no tienes que permitirle que tenga éxito. Puedes escoger aferrarte a ella. Cuando sientas que se te escapa la paz y llega la ansiedad, permanece firme y recuerda que Jesús te ha dado su paz (Juan 14:27).

Si aplicas las lecciones que has aprendido en este libro varias veces y sientes que no estás obteniendo ningún resultado, no te rindas. Eso es lo que el diablo quiere que hagas. Sigue trabajando en ello, y cada vez que sigas la receta de Dios para la paz, progresarás un poco más. Las únicas personas a las que el diablo puede derrotar son aquellas que se rinden, y no creo que tú harás eso. Vas a disfrutar un nuevo nivel de poder porque vas a vivir en la paz que sobrepasa todo entendimiento. Recuerda: no necesitas tener todas las respuestas a tus problemas porque Dios ya las tiene, y Él pelea por ti.

NOTAS

1. "What Is Anxiety and Depression?" Anxiety and Depression Association of America, https://adaa.org/understanding-anxiety.
2. Toda la información subsiguiente y las estadísticas son de "Did You Know?" Anxiety and Depression Association of America, https://adaa.org/understanding-anxiety/facts-statistics.
3. Corrie ten Boom, *He Cares, He Comforts* (F. H. Revell, 1977), p. 83.
4. Charles Stanley, "Victory over Anxiety", video de Facebook, In Touch Ministries, 11 de marzo de 2021, https://www.facebook.com/watch/?v=815407555718497.
5. Citado en Joseph Sutton, ed., *Words of Wellness: A Treasury of Quotations for Well-Being* (Hay House, 1991).
6. Howard Taylor, *Hudson Taylor and the China Inland Mission* (Morgan and Scott, Ltd., 1920), p. 176.
7. Don Joseph Goewey, "85 Percent of What We Worry about Never Happens", *Huffington Post*, 25 de agosto de 2015, https://www.huffpost.com/entry/85-of-what-we-worry-about_b_8028368.
8. Goewey, "85 Percent".
9. Charles Spurgeon, *The Salt-Cellars: Being a Collection of*

Proverbs, Together with Homely Notes (A. C. Armstrong, 1889), p. 62.

10. Citado en Arthur T. Pierson, *The Miracles of Missions: Modern Marvels in the History of Missionary Enterprise* (Funk & Wagnalls, 1901), p. 197.

11. Rick Warren, *The Purpose of Christmas* (Simon & Schuster, 2012).

12. Si sufres la enfermedad de ojos secos, quizá te interese saber lo que yo hice. Te lo diré, pero quiero dejar claro que lo que yo hice quizá no es en absoluto lo que tú necesitas. En primer lugar, volví a visitar a mi oculista, y le pregunté si podía hacer algo para ayudarme además de lo que ya había hecho. En lugar de darme un tipo de gotas para los ojos secos, me dio dos tipos de gotas y me dijo que me las echara con cinco minutos de diferencia. Además, debido a una cirugía de párpados que me habían realizado muchos años atrás, mis ojos no se cierran por completo en la noche. Varias personas sugirieron que llevara una máscara de ojos, pero las máscaras no ayudaron hasta que alguien me regaló una que está rellena de un material que se siente parecido a la arena. Esa ayuda mucho, y el peso sobre mis ojos realmente es una buena sensación.

13. Corrie ten Boom, *Clippings from My Notebook* (Thomas Nelson, 1982), p. 21.

14. Quotefancy, https://quotefancy.com/quote/1557033 /Margaret-Cousins-Appreciation-can-make-a-day-even -change-a-life-Your-willingness-to-put.

15. BrainyQuote, https://www.brainyquote.com/quotes /william_arthur_ward_105516.

16. BrainyQuote, https://www.brainyquote.com/quotes
    /william_arthur_ward_105497.

17. Quotefancy, https://quotefancy.com/quote/2340252
    /Hannah-Whitall-Smith-The-soul-that-gives-thanks
    -can-find-comfort-in-everything-the-soul.

18. Dietrich Bonhoeffer, *Life Together: The Classic Explora-
    tion of Faith in Community* (Harper & Row, 1954), p. 29.

19. "10 Billy Graham Quotes on Thankfulness", Billy Gra-
    ham Evangelistic Association, 14 de noviembre de
    2019, https://billygraham.org/story/billy-graham-quotes
    -thankfulness/.

20. Khalil Gibran, *The Kahlil Gibran Reader: Inspirational
    Writings* (Kensington Publishing Corporatation, 2006),
    p. 45.

21. Marc Chernoff, "18 Great Reminders When You're
    Having a Bad Day", *Marc and Angel Hack Life* (blog),
    19 de octubre de 2014, https://www.marcandangel.com
    /2014/10/19/18-great-reminders-when-youre-having
    -a-bad-day.

22. "10 Unforgettable Quotes by Jim Rohn", JimRohn.com,
    13 de septiembre de 2019, https://www.jimrohn.com/10
    -unforgettable-quotes-by-jim-rohn.

23. "The Choice of Gratitude", Henri Nouwen Society,
    2 de julio de 2021, https://henrinouwen.org/meditations
    /the-choice-of-gratitude.

24. AZ Quotes, https://www.azquotes.com/quote/725971.

25. Citado en George Sweeting, *Who Said That? More Than
    2,500 Usable Quotes and Illustrations* (Moody Publishers,
    1995).

26. "The Real Meaning of Peace", All Time Short Stories, 7 de mayo de 2016, https://alltimeshortstories.com/meaning-of-peace.

27. AZ Quotes, https://www.azquotes.com/author/12905 -Saint_Francis_de_Sales.

28. Jack Wellman, "24 Quotes about Anxiety", Christian Quotes.info, 8 de diciembre de 2015, https://www .christianquotes.info/quotes-by-topic/quotes-about -anxiety.

29. BrainyQuote, https://www.brainyquote.com/quotes/ralph _waldo_emerson_387459.

¿Tienes una relación real con Jesús?

¡Dios te ama! Él te creó para que seas una persona especial, única, exclusiva, y Él tiene un propósito y un plan concretos para tu vida. Y, mediante una relación personal con tu Creador (Dios), puedes descubrir un estilo de vida que dará satisfacción verdadera a tu alma.

No importa quién seas, lo que hayas hecho o dónde te encuentres en la vida ahora mismo, el amor y la gracia de Dios son mayores que tu pecado, tus errores. Jesús dio su vida voluntariamente para que tú puedas recibir perdón de Dios y tener una nueva vida en Él. Él está esperando a que lo invites a ser tu Salvador y Señor.

Si estás listo para entregar tu vida a Jesús y seguirlo, lo único que tienes que hacer es pedirle que perdone tus pecados y te dé un nuevo comienzo en la vida, el que Él tiene para ti. Comienza haciendo esta oración...

Señor Jesús, gracias por dar tu vida por mí y perdonar mis pecados para que pueda tener una relación personal contigo. Siento mucho los errores que he cometido, y sé que necesito que me ayudes a vivir rectamente.

Tu Palabra dice en Romanos 10:9 que "si confiesas con tu boca que Jesús es el Señor y crees en tu corazón que Dios lo levantó de entre los muertos, serás salvo". Creo que eres el Hijo de Dios y te confieso como mi Salvador y Señor. Tómame tal como soy, y trabaja en mi corazón, haciéndome la persona que quieres que sea. Quiero vivir para ti, Jesús, y estoy muy agradecido porque me estás dando un nuevo comienzo en mi nueva vida contigo hoy.

¡Te amo, Jesús!

¡Es maravilloso saber que Dios nos ama tanto! Él quiere tener una relación profunda e íntima con nosotros que crezca cada día al pasar tiempo con Él en oración y estudiando la Biblia. Y queremos animarte en tu nueva vida en Cristo.

Por favor, visita https://tv.joycemeyer.org/espanol/como-conocer-jesus/, que es nuestro regalo para ti. También tenemos otros recursos en el Internet que te ayudan a progresar en tu búsqueda de todo lo que Dios tiene para ti.

¡Felicidades por tu nuevo comienzo en tu vida en Cristo! Esperamos oír de ti pronto.

Joyce Meyer es una de las principales maestras prácticas de la Biblia en el mundo. Como autora de éxitos de ventas del *New York Times*, los libros de Joyce han ayudado a millones de personas a encontrar esperanza y restauración por medio de Jesucristo. El programa de Joyce, *Disfrutando la vida diaria*, se transmite por televisión, radio y en línea a millones de personas en todo el mundo en más de 100 idiomas. A través del ministerio Joyce Meyer Ministries, Joyce enseña internacionalmente sobre una serie de temas con un enfoque particular en cómo la Palabra de Dios se aplica a nuestra vida cotidiana. Su estilo de comunicación informal le permite compartir sus experiencias de manera abierta y práctica para que otros puedan aplicar a sus vidas lo que ella ha aprendido.

Joyce ha escrito más de 140 libros, que se han traducido a más de 160 idiomas y más de 39 millones de sus libros se han distribuido en todo el mundo. Entre sus éxitos de ventas están: *Pensamientos de poder*; *Mujer segura de sí misma*; *Luzca estupenda, siéntase fabulosa*; *Empezando tu día bien*; *Termina bien tu día*; *Adicción a la aprobación*; *Cómo oír a Dios*; *Belleza en lugar de cenizas*; y *El campo de batalla de la mente*.

La pasión de Joyce por ayudar a las personas que sufren es fundamental para la visión de Hand of Hope (Manos de esperanza), el brazo misionero de Joyce Meyer Ministries.

Cada año, Hand of Hope proporciona millones de comidas a personas hambrientas y desnutridas, instala pozos de agua potable en áreas pobres y remotas, brinda ayuda crítica después de desastres naturales, y ofrece atención médica y dental gratuita a miles a través de sus hospitales y clínicas en todo el mundo. A través del Proyecto GRL, mujeres y niños son rescatados de la trata de personas y se les brindan lugares seguros para recibir educación, comidas nutritivas y el amor de Dios.

DIRECCIONES DE LAS OFICINAS EN
E.U.A. Y EL EXTRANJERO

Joyce Meyer Ministries
P.O. Box 655
Fenton, MO 63026 USA
(636) 349-0303

Joyce Meyer Ministries—Canadá
P.O. Box 7700
Vancouver, BC V6B 4E2
Canada
(800) 868-1002

Joyce Meyer Ministries—Australia
Locked Bag 77
Mansfield Delivery Centre
Queensland 4122
Australia
(07) 3349 1200

Joyce Meyer Ministries—Inglaterra
P.O. Box 1549
Windsor SL4 1GT
United Kingdom
01753 831102

Joyce Meyer Ministries—África del Sur
P.O. Box 5
Cape Town 8000
South Africa
(27) 21-701-1056

Joyce Meyer Ministries—Francofonía
29 avenue Maurice Chevalier
77330 Ozoir la Ferriere
France

Joyce Meyer Ministries—Alemania
Postfach 761001
22060 Hamburg
Germany
+49 (0)40 / 88 88 4 11 11

Joyce Meyer Ministries—Países Bajos
Lorenzlaan 14
7002 HB Doetinchem
+31 657 555 9789

Joyce Meyer Ministries—Rusia
P.O. Box 789
Moscow 101000
Russia
+7 (495) 727-14-68

Start Your New Life Today
Starting Your Day Right
Straight Talk
Strength for Each Day
Teenagers Are People Too!
Trusting God Day by Day
The Word, the Name, the Blood
Woman to Woman
You Can Begin Again
Your Battles Belong to the Lord*

Santiago: Comentario bíblico (James: Biblical Commentary)
Siempre alegre (Be Joyful)
Sobrecarga (Overload)
Sus batallas son del Señor (Your Battles Belong to the Lord)
Termina bien tu día (Ending Your Day Right)
Tienes que atreverte (I Dare You)
Usted puede comenzar de nuevo (You Can Begin Again)
Viva amando su vida (Living a Life You Love)
Viva valientemente (Living Courageously)
Vive por encima de tus sentimientos (Living Beyond Your Feelings)

* Guía de estudio disponible para este título

LIBROS POR DAVE MEYER

Life Lines